# Paroles de Sagesse
## Un chemin pour l'humanité

*Messages de Calixto Suárez Villafañe
et des Mamos de la Sierra Nevada de Santa Marta
en Colombie*

Association « Graines de santé »

Les photographies présentes dans ce livre appartiennent au peuple Arhuaco. Les bénéfices de la vente de cet ouvrage seront transmis au peuple Arhuaco.

Liens internet :
- Le site de l'association Duna : www.ecoassociacao.com
- Le site de Calixto Suarez : calixtosuarez.com
- Facebook : www.facebook.com/calixtosuarezvillafane/
- Mail de «Graines de Santé» : grainesdesante2003@gmail.com

© 2025 Association Graines de santé
Édition : BoD · Books on Demand, 31 avenue Saint-Rémy, 57600 Forbach, bod@bod.fr
Impression : Libri Plureos GmbH, Friedensallee 573, 22763 Hamburg (Allemagne)
ISBN : 978-2-3226-3530-6
Dépôt légal : Juin 2025

# Préface

Au cours d'un voyage en Colombie en 1997-1998, alors que je participais à des projets associatifs basés sur la préservation des médecines traditionnelles, j'ai été amenée à m'intéresser aux peuples premiers de la Sierra Nevada de Santa Marta. Suivant l'opportunité de rencontres que m'offrait le voyage, je suis allée séjourner une semaine dans un village au pied de cette montagne. J'étais accueillie dans la famille d'un artiste colombien qui avait reçu pendant plusieurs années une initiation auprès des sages de la Sierra. Il gardait une admiration sans faille pour les peuples gardiens de cette montagne sacrée qu'ils désignaient comme le « Cœur du Monde ». J'ai alors commencé à enquêter, en discutant avec mes hôtes. Sur leurs conseils, je suis allée visiter les sites sacrés du parc naturel Tayrona, au bord de la mer des Caraïbes, j'ai visionné les films qu'ils m'ont montrés, à propos de ces ethnies et je me suis rendue au musée archéologique de la ville de Santa Marta.

Tout ce que j'ai compris alors de ces peuples m'a édifiée : outre le fait qu'ils nous déconnectent complètement de tous nos repères occidentaux, dans leur façon d'appréhender le Vivant, ils nous permettent de renouer, dans une fraternité réelle, avec tous les éléments de la Nature, et ainsi avec la pureté de notre cœur d'enfant.

L'enseignement majeur qu'ils nous donnent, est que l'être humain peut vivre en harmonie avec les mondes animal, végétal et minéral, sans se considérer comme supérieur et s'octroyer le droit de détruire et de dominer. Comme beaucoup d'autres ethnies amérindiennes, ils considèrent que la Terre Mère, (la « Pachamama » pour les groupes andins) est un être vivant, en constante relation de réciprocité avec l'humain.

Et, pour eux, toute la vie quotidienne dans le moindre détail, est conçue pour entretenir cette filiation tendre et attentionnée, avec une Mère Nature, qui offre, outre l'abondance de nourriture, une connexion vivante et toujours renouvelée avec tous les règnes, source d'énergie et de joie ! La vie sociale est fondée sur l'échange et la réciprocité entre les êtres.

Pour les ethnies de la Sierra, qui sont des peuples sages, à l'esprit totalement pacifié et d'une haute spiritualité, l'être humain est celui qui a le pouvoir et la responsabilité d'harmoniser le monde vivant, ceci par ses

actes, ses paroles, mais aussi d'abord par ses pensées reliées à la contemplation intérieure qui nous guide dans une juste conscience. Ces groupes ethniques n'ont jamais possédé d'armes, de mémoire d'homme, ils pacifient toutes les tensions par la prière. Et c'est à partir de ce pouvoir, qui est en chacun de nous, qu'ils nous interpellent pour rétablir l'harmonie face aux grands déséquilibres écologiques et climatiques de l'époque actuelle. Ils nous appellent à une co-créativité joyeuse avec Mère Nature !
Puisse l'humanité s'ouvrir à leur message !
À mon retour de Colombie, j'ai écrit un premier témoignage sur ces peuples dans un ouvrage paru en 2002 aux éditions L'Harmattan*.
Mais ce n'est que quelques années plus tard, en 2004, qu'une amie qui connaissait ma démarche, m'a invitée à une rencontre dans les Alpes, avec Calixto Suárez Villafañe, représentant du peuple arhuaco. Il venait pour la première fois en France et était accompagné d'un autre Mamo* arhuaco, José.
Depuis, j'ai été heureuse d'accompagner, avec différents groupes d'amis, les venues de Calixto Suarez en France et d'accueillir les messages que, par son intermédiaire, les sages arhuacos offraient au Monde pour indiquer un chemin de prise de conscience pour l'humanité.
Dans ce dynamisme, l'association « Graines de santé » a été créée en 2003 (créant un lien également avec d'autres peuples indigènes) dans le but de stimuler à petite échelle, autour de nous, une belle créativité à partir de cette conscience du vivant à laquelle ils nous appellent. Au fil des ans, ce fut une aventure riche en rencontres.
Nous étions heureux de constater qu'au-delà du concert des médias et du chaos ambiant, beaucoup d'initiatives fourmillaient autour de nous, pour générer une nouvelle conscience dans le respect de la nature.

*Bernadette Poisson*

---

* Médecines traditionnelles et projets humanitaires en Amérique latine, paru en 2002
* Le Mamo est un leader spirituel au sein de la Sierra.

# Introduction

Cet ouvrage est le fruit d'un travail collectif, réalisé par quelques personnes, proches de l'association « Graines de santé » qui a participé de nombreuses fois à l'accueil du sage amérindien Calixto Suarez en France, depuis une vingtaine d'années.
Arhuaco de naissance, Calixto Suarez est venu en Europe, en tant qu'ambassadeur et porte-parole des nobles peuples de la Sierra Nevada de Santa Marta en Colombie. Il apporte les savoirs millénaires de ces ethnies restées dans une culture amérindienne authentique et il prend soin de les transposer pour nous, avec une sensibilité pleine d'empathie et d'humanité, et beaucoup de respect pour nos civilisations actuelles.
Nous avons souhaité regrouper dans cet ouvrage, de précieux textes inédits qu'il nous a livrés, tels que des extraits de conférences et d'interviews auxquelles il s'est prêté.

Nous souhaitons aussi témoigner de manière sensible, de la relation d'amitié profonde que nous avons vécue avec cet homme sage, qui nous appelle sans cesse à une vision du Monde autre que celle inculquée par notre culture et qui nous motive à la créativité dans la joie et l'accueil à la Vie. Dans une grande simplicité, il offre toujours beaucoup d'attention à chacun, amenant, partout où il va, une aura de paix et d'amour qui touche profondément les cœurs. Ainsi nous avons plaisir à joindre quelques textes d'amis heureux d'apporter leurs témoignages.
Ce recueil ne représente qu'une toute petite partie du travail de Calixto Suarez en Europe, et des activités qu'il a eues en lien avec les Occidentaux à travers le Monde. En effet, souhaitant apporter une présence éclairée au cœur même de nos sociétés, il s'est impliqué dans beaucoup d'organisations : universités, instances internationales... Participant à des événements culturels, il est intervenu dans plus d'une dizaine de pays, dans de nombreux espaces publics : colloques, journées culturelles...Il s'est même trouvé invité à Dubaï par l'ONU, lors de la COP 28 : son peuple avait été primé pour ses actions envers le Climat, et c'est lui que les guides spirituels, les Mamos, ont désigné pour aller les représenter lors de de la remise du prix. Nous avons regroupé également dans cet ouvrage, les grands messages qu'ont adressés les sages de la Sierra, dans l'objectif

d'éveiller les consciences en Europe et dans le Monde et nous aider à retrouver l'harmonie avec Mère Nature. Ces peuples se sentent la Mission d'aider l'humanité à relever le grand défi de l'époque actuelle, celui des déséquilibres climatique et écologique, dans une juste conscience de notre relation à la Terre et à nous-mêmes.

À la lecture de ce recueil, on peut constater qu'il y a eu, au fil des ans, une progression dans le contenu des messages qui ont été adressés au public, lors des rencontres, suivant les préoccupations majeures qui se faisaient jour sur la planète. Graduellement, Calixto nous a invités, avec beaucoup de poésie à pénétrer dans la subtilité et la profondeur de la vision arhuaca.
Et les paroles émises lors des conférences, et transcrites ici de manière intégrale, pourraient constituer chacune de vrais textes de méditation.

Il convient de les lire avec toute l'attention intérieure nécessaire, pour contempler, et s'ouvrir au nectar qui nous est offert.
Parfois, dans plusieurs conférences successives, il traite des mêmes sujets, mais chaque fois, leur énoncé est un peu différent nous permettant de capter davantage, de manière subtile, le sens profond et la philosophie qui animent la vie quotidienne des peuples de la Sierra. C'est pourquoi, nous avons préféré garder les différentes formulations exprimées sur des thèmes identiques. Nous vous souhaitons beaucoup de félicité et de ressourcement à prendre connaissance des messages transmis et, pour certains, à retrouver les moments que vous avez vécus lors des rencontres.

Au nom de l'association « Graines de santé » nous remercions tous les amis qui ont participé à cet ouvrage, pour l'inspiration, les transcriptions, la relecture assidue, la mise en page, les photos…
Merci à vous tous, pour votre coopération serviable et motivante : Merci aux deux Florence qui ont accompagné d'une présence très attentionnée toute la mise en œuvre du projet, merci à Angela, Claude, Nicolas, et aussi merci à tous ceux et celles qui ont formulé un témoignage.

Nous avons eu à cœur de respecter la formulation d'origine de la parole de Calixto Suarez. Loin de s'inscrire dans un espagnol académique, son langage souvent imagé, touche nos cœurs par la pureté de ce qu'il dégage.

# Chapitre 1
## Le peuple Arhuaco de Colombie*

Le peuple Arhuaco est une ethnie amérindienne installée dans la Sierra Nevada de Santa Marta en Colombie, massif montagneux en bordure de la mer des Caraïbes, qui abrite aussi l'ethnie Kogi davantage connue en Occident. Allant de la forêt équatoriale jusqu'à des zones glaciaires, cette montagne offre tous les types de végétation pouvant exister sur la planète. Aussi pour les peuples de la Sierra, elle représente le cœur de la Terre. Pour eux, leur montagne est comme un véritable microcosme, en corollaire étroit avec le macrocosme qu'est la planète entière. Par des pratiques d'offrandes effectuées sur des sites sacrés de leur territoire, ils ont le souci d'apporter un soin réel à toute la Terre. Ainsi, en observant les dégradations qui peuvent survenir dans la Sierra, ils en concluent les risques éventuels pour la Planète. De cette manière, lorsqu'ils prennent soin de la Sierra Nevada, leur terre ancestrale, ils sont dans la conscience d'œuvrer pour la Terre entière.

Ce peuple a su préserver et garder encore vivante une tradition qui remonte très loin, transmise de génération en génération par les Mamos, des sages qui se réunissent souvent en conseil, représentant l'autorité au niveau culturel et spirituel, et à laquelle chacun se réfère. Parmi les Mamos, certains vivent au cœur de la population, dans les villages, où ils assurent un rôle de guide spirituel, de conseiller et de protecteur pour la communauté. D'autres demeurent toute l'année, dans les hauteurs de la Sierra, proches des neiges éternelles, dans des huttes isolées, où ils restent en méditation, dans un travail d'harmonisation constante des influences qu'ils reçoivent. Leur rôle de gardiens qui veillent sur le Monde, fait penser à celui des anciens Rishis en Inde, et des grands ascètes de l'Himalaya. On ne manque pas de venir les consulter lors d'événements préoccupants. La raison d'être du Mamo est de veiller à ce que, dans la vie quotidienne, tout s'organise pour le maintien de l'équilibre et de l'harmonie entre la Nature et les êtres vivants, se référant à la Loi d'origine qui, selon leur sagesse, règlemente la vie sur terre. Comme la plupart des peuples indigènes vivant en symbiose avec la Nature, ils ont la maîtrise de connaissances extrêmement fines leur donnant une grande compétence dans la gestion de leur environnement, vivant l'unité avec le milieu naturel et les écosystèmes. Chaque territoire représente pour eux un espace cohérent où chaque élément est en interrelation permanente avec tous les autres et a son importance dans l'équilibre d'un tout. Traditionnellement les peuples de la Sierra vivaient plutôt en autarcie, sans se soucier ni d'intervenir sur la scène politique, ni d'interférer dans la vie du monde occidental. Ils avaient constamment le souci du soin à la planète en œuvrant au niveau spirituel. Profondément ancrés dans leurs traditions, ils ont jusqu'à une époque relativement récente, vécu en paix sur leurs terres ancestrales qu'ils aiment, respectent et protègent.

Le monde actuel a porté de très graves atteintes à l'identité et à la dignité des peuples indigènes de la Sierra Nevada. À partir des années 1960, de nombreux Colombiens sont venus coloniser ces terres pour cultiver la marijuana et la coca. Les mouvements de guérilla, s'y sont affrontés aux groupes paramilitaires, proches des colons. Il y avait aussi l'armée qui était censée remettre de l'ordre mais ne respectait pas les peuples indigènes, les prenant souvent pour cibles. Ainsi la Sierra était pleine de gens armés, qui ne cultivaient pas la Terre et pillaient les Arhuacos en permanence. En réalité, le peuple arhuaco est un peuple pacifique. Leur réponse n'est jamais violente, elle porte toujours un désir de paix et d'harmonie.

*« Il est urgent de travailler pour une paix qui ne soit pas seulement écrite dans des accords, mais réelle, née d'un nouvel état de conscience de la vie, qui ne se manifeste pas seulement entre les êtres humains mais aussi dans notre relation avec la nature … »*

*« Pour nous, la paix ne signifie pas simplement l'absence de guerre ; la paix est une manière d'agir, de savoir, de créer, d'écouter, de penser, de parler, de vivre en harmonie avec la nature et ses lois. La paix vient de notre être intérieur et ne peut être expérimentée que par la capacité du cœur à rester ouvert, serein et libre de peurs. Chaque personne projette dans le monde la paix ou la discorde qu'elle porte en elle. Nous ne pouvons créer la paix dans le monde si nous sommes spirituellement dominés pas des conflits internes, des haines, des doutes, par la colère et la peur. » (Paroles des Mamos de la Sierra)*

Ils ont été empêchés de vivre en tant que peuple et de circuler librement sur leurs terres. Avec tristesse, ils ont vu des colons et des narcotrafiquants abattre des milliers d'hectares de forêt, et s'installer impunément sur leurs territoires pour y pratiquer des cultures intensives dans le but de s'enrichir. Pris entre deux feux, ils se sont réfugiés plus haut dans la montagne, sur des terres arides où leur survie devient problématique.

Aujourd'hui, Ils souhaitent que leur soient restituées leurs terres ancestrales, non pas pour en tirer profit, mais pour la soigner, lui redonner vie, et rétablir l'équilibre écologique naturel, ainsi que pour assurer leur survie et celle de leurs enfants. Lorsque nous portons atteinte à la Terre par les déforestations massives, la pollution, lorsque nous la « saignons à blanc » comme ils disent, en prélevant toutes ses richesses, toutes ses réserves : eau, charbon, pierres précieuses, gaz, pétrole, etc... sans nous interroger sur les perturbations et répercussions que nos actes pourront avoir à plus ou moins long terme, dans le fragile et complexe équilibre de la nature, nous hypothéquons gravement le devenir de notre planète et de notre humanité. Dans les années 2000, les Mamos de la Sierra ont fait une première déclaration au monde entier. Constatant les grands désordres et les risques pour la survie de la planète du fait des comportements de l'homme moderne, ils ont lancé alors un appel à notre conscience et à notre responsabilité.

*Ce chapitre a été réalisé en grande partie, avec les informations contenus dans la documentation que nous a transmise l'Association « Tierra Viva », lors de sa dissolution.

# Déclaration des Mamos au Monde

Les indigènes de la Sierra Nevada de Santa Marta ont officiellement formulé cette déclaration écologique à l'humanité, émanant des Chefs spirituels des quatre ethnies : les Mamos Kogis, Wiwas, Kankuamos et Arhuacos.

En voici quelques extraits ;

*« Pour nous, il existe une seule loi sacrée, immuable, préexistante, primitive et qui survit à tout et à tous. Le monde pourrait exister ou cesser d'exister, sans que ceci n'affecte nullement l'essence de cette loi, laquelle constitue la pensée universelle du non manifesté, unique origine de la vie.*

*Cette loi originelle s'exprime dans l'Univers. Il en résulte une belle expression entre loi et pensée, qui, en rythme avec l'environnement, se transforme en loi naturelle. De cette loi naturelle émane la création de la matière et son évolution, son équilibre, sa préservation et son harmonie. Ceux-ci constituent les objectifs fondamentaux du Mamo, sa raison d'être. Le fait est pourtant que le petit frère (l'homme occidental) viole l'ordre immuable de cette loi et conduit la Terre Mère (Séineken) et tous les êtres de manière vertigineuse au précipice. C'est la raison pour laquelle nous exigeons impérativement de l'humanité un changement dans son comportement général, dans sa conduite vis-à-vis de nous et dans la manière dont elle traite la Terre Mère, notre véritable Mère, la mère de toutes les mères et fille de la grande mère Sagesse. Nous avons tous une dette envers elle.*

*Qui paie à la Mère l'air que nous respirons, l'eau qui coule, la lumière du soleil ? La Mère universelle réclame du petit frère qu'il paie ses dettes. Ce n'est qu'à travers les Mamos et leurs paiements (rituels d'offrandes) que ces dettes pourront être annulées....*

*.... La Sierra Nevada est le cœur du monde, source vitale et primordiale de toute énergie, origine de la vie et de l'équilibre spirituel de Séineken. Pour nous tout ce qui existe a un esprit qui est sacré et doit être respecté. C'est pourquoi tout est sacré : l'air, le feu, les arbres, les insectes, les pierres, les montagnes..., nous vivons en dialogue continu avec eux à travers nos connaissances et notre activité spirituelle.*

*La Sierra Nevada est une maison sacrée, un foyer sacré et un lieu de paix. Tout ce qui va à l'encontre de l'ordre des choses établies, profane notre existence, nos coutumes et notre identité profonde avec le mandat de notre loi d'origine. Nous faisons partie de la Mère Terre et elle fait partie de nous : tout ce qui lui arrive nous arrive à nous, et ce qui nous arrive à nous, lui arrive à elle....*

*Notre loi est la loi de l'eau, elle est la loi du soleil, la loi du rayon. Elle n'admet pas de réformes, ne connaît pas de décrets, n'accepte pas de constitutions ni de politiques, parce que notre loi qui régit la vie, reste dans le temps. Pour que l'harmonie revienne dans nos vies, il est nécessaire que la loi créée par les hommes respecte la loi d'origine, la loi naturelle, la loi de la vie, la loi suprême des Mamos, et lui obéisse.*

*.... Nous invitons tous nos petits frères à s'unir à nous dans la mission sacrée d'être les gardiens de la vie, en un réseau spirituel pour la défense de notre patrimoine unique : La Terre Mère.*

*Nous ratifions notre engagement pour Séineken, pour la paix de notre pays et du monde, nous lançons un appel à l'unité à la spiritualité, à toutes les nations et à tous les êtres. Notre intention indéfectible est que toute la Colombie prenne la tête d'un mouvement pour la défense de la Terre Mère et de la vie dans toutes ses manifestations.*

*Nous réaffirmons notre désir de vivre, de continuer à lutter pour la vie, et de continuer à défendre la biodiversité de la planète. Il s'agit de notre devoir ancestral ».*

## Les Mamos

Les Mamos sont des êtres éveillés aux mondes subtils, d'une grande connaissance, d'une capacité à comprendre l'existence sur Terre, simples dans leur vie et doués de facultés difficiles à acquérir.

Les Mamos nous parlent du sacré de la Terre et du sacré en nous, un espace intérieur qui accède au savoir authentique ; nous y découvrons une forme de temple contenant des informations venant de tout l'univers. Nous pouvons nous y connecter à d'autres mondes.

Les Mamos représentent l'autorité à laquelle chacun se réfère en cas de différend, de maladie, de problèmes importants à résoudre, tant sur le plan individuel que collectif. Le Mamo n'est pas celui qui détient un pouvoir sur son peuple mais celui qui s'engage, qui endosse la responsabilité et qui se consacre au service de la communauté. Toutes les décisions sont prises en commun après mûres réflexions et discussions qui peuvent se prolonger sur plusieurs jours et plusieurs nuits jusqu'à parvenir à la juste décision. Dans leur société, la femme peut également être une femme de sagesse (nommée alors «Atis»). Elle occupe une place aussi importante que celle de l'homme.

## Le poporo

Lorsque l'on regarde les photos des Mamos et des hommes de la Sierra, on ne manque pas d'être surpris par l'objet qu'ils tiennent dans les mains et dont ils ne se séparent jamais. Cet objet, appelé le « poporo », est une calebasse creuse et allongée, ouverte sur le dessus ; elle est accompagnée d'un stylet. Pour les hommes de la Sierra, c'est un objet très sacré, un véritable «temple» personnel qui leur est transmis de manière initiatique par un Mamo, au moment de la puberté et qui leur permet de rester en connexion avec leur âme et leur ressenti spirituel. Symboliquement la calebasse représente l'élément féminin et le stylet l'élément masculin. Le «poporo» fait donc figure d'union entre ces deux grands principes sacrés. Cette calebasse est remplie d'une pâte constituée de poudre de coquillages calcinés, mélangée à des feuilles de coca broyées. Les Arhuacos avec le stylet prélèvent régulièrement un peu de cette pâte pour la porter à leur bouche. Lorsqu'ils sont en méditation, ils frottent constamment l'orifice du «poporo» avec le stylet. Au fil des ans, il se trouve entouré d'une croûte de calcaire, dont l'épaisseur témoigne du chemin spirituel parcouru.

Quant aux femmes, au moment de leur puberté, elles recevront l'aiguille qui leur sert à tisser les sacs portés continuellement par tous les membres de la communauté. Ces sacs appelés « mochilas » symbolise le lien à la Terre Mère, porteur d'abondance.

## La cosmovision du peuple arhuaco

Traduction d'un article de Ramon Torrez Galarza, de la revue colombienne « El Espectador » qui nous a été transmis par Calixto :

*« Les Mamos racontent qu'au début du monde, tout existait uniquement en pensée, qu'il n'y avait ni jour, ni nuit, ni rien et que tout vivait en esprit.*
*À cette époque, les Pères Spirituels débattaient sur la possibilité de matérialiser l'existence du monde en lien avec l'existence des autres mondes : ceux du haut et les autres mondes du bas. La Terre et l'existence des Arhuacos sont nées dans l'espace intermédiaire entre ces mondes.*
*Les Mamos disent que les Mères et les Pères Spirituels organisèrent l'existence humaine avec des formes et des niveaux de compréhension déterminés en neuf dimensions, lesquelles sont en lien avec les neuf planètes et les neuf mois de gestation de la femme.*
*Dans cette dualité complémentaire, ces formes constituent les moyens de relation et de conjonction entre les mondes matériel et spirituel. Chacun de ces mondes, au sein de l'ordre cosmogonique et spirituel, a été conçu depuis l'origine, à partir de charges d'énergie positive et négative, nécessaires pour garantir l'équilibre entre tous les types de vie qui couvrent l'existence matérielle. Certains de ces pères, dans l'exercice de leur pouvoir spirituel, n'étaient pas d'accord avec la matérialisation du spirituel sous forme physique. Cela entraînerait, disaient-ils, le risque du désordre et du chaos au sein de tout ce qui avait été créé et préservé jalousement durant des milliers d'années. Tandis qu'un autre groupe de Pères Spirituels qui souhaitaient la matérialisation du monde, n'avaient pas réfléchi à la façon dont seraient sauvegardés l'ordre et l'harmonie. Ils réfléchirent alors longuement, jusqu'à arriver à un consensus spirituel, à un point de compréhension commun et ainsi à un accord. Ils envisagèrent que le problème n'était pas dans la matérialisation du monde, mais qu'une fois créé, il faudrait établir des règles de soin pour son entretien et sa préservation originelle. À partir de cette pensée et de cette connaissance ancestrale naquirent les principes de protection et de conservation contenues dans la Loi d'Origine ».*

## Qu'est-ce que la loi d'Origine ?

Dans chaque déclaration officielle des autorités des peuples de la Sierra, qu'elle s'adresse au Monde, au gouvernent colombien, ou à d'autres instances, il est toujours fait référence à la Loi d'Origine qui légitime le droit fondamental de ces peuples à gérer leur territoire et leur organisation. Ils se sentent depuis toujours investis d'une grande mission sacrée pour la Terre et toute déclaration officielle ne concerne nullement des droits de propriété privées, elles se réfèrent toujours à une notion d'équilibre cosmique de la vie sur Terre dont ils sont les gardiens. Cet article suivant, paru dans la même revue, explique bien la notion de Loi d'Origine sur laquelle est basée la culture arhuaco.

*« La Loi d'Origine est la règle la plus élevée des Arhuacos. Elle est basée sur l'aptitude à penser par soi-même, c'est une mission sacrée ! Celle de Vivre en relation avec l'harmonie universelle qui régit la totalité de ce qui existe.\**

C'est un ensemble de codes d'enseignement-apprentissage, de droit-obligation, de connaissance ancestrale transmise au fil des générations.
Ces codes incluent des principes qui doivent être respectés pour assurer l'harmonie et l'équilibre entre tous les éléments naturels qui constituent le corps et l'esprit de la Mère Terre.
La Loi d'Origine dirige l'ordre des communautés dans tous les aspects de la vie quotidienne : agriculture, médecine traditionnelle, cérémonies, rituels, célébrations, fêtes, baptêmes, mariages, enterrements, plantations, récoltes, remise du « poporo », tissages, construction d'habitations, gestion des lieux sacrés, transmission et préservation des connaissances, gestion du territoire, connaissance du cosmos, connaissance et usage des plantes sacrées.

Toute cette législation est en lien avec son existence sur le territoire conçu en tant que « superficie terrestre avec ses rivières, pierres, lagunes, mers, montagnes, plantes et animaux, l'espace aérien et le sous-sol », éléments interdépendants d'une unité, dans laquelle circulent nos vies. Le concept du territoire ancestral indigène va beaucoup plus loin que celui de limites physiques d'une parcelle de terrain, il se réfère à l'espace conçu en tant que Mère qui nourrit et protège l'existence de tous les êtres.

*« Sous la surface terrestre se trouvent les organes vitaux de la Terre, ses liquides et ses os, qui lui permettent d'exister et de créer la vie ».*

## Le territoire des peuples d'Origine : la Ligne Noire

*« Nous avons baptisé Ligne Noire la connexion physique et spirituelle qui relie entre eux tous les lieux au sein desquels notre Mère Universelle a gravé pour nous la Loi d'Origine. Les principes qui nous gouvernent sont inscrits dans les reliefs du territoire. Ils sont gravés sous forme de code que l'on peut*

*déchiffrer dans les roches, les fleuves, les montagnes et leurs cimes ». (Citation des Mamos arhuacos)*

« *La Ligne Noire est un système interconnecté et inter-relié de points de repère ou espaces terrestres, marins et aériens. Chaque axe ou nœud de ce réseau est structuré en champs magnétiques et énergétiques. Tout comme le corps humain, le territoire est un corps vivant animé d'une énergie sacrée. Depuis les sommets enneigés, les lacs et les lagunes, les landes, depuis les plaines jusqu'à la mer, ils composent un système qui intègre des vies interdépendantes qui se complètent* ».

Sur le schéma ci-contre, on visualise bien la Ligne Noire, figurée par ce trait d'union entre tous les sites sacrés qui sont au pourtour de la Sierra. La Ligne Noire délimite le territoire sacré, entourant la Sierra comme une ceinture.

« *Chaque espace et lieu sacré situés sur les parties hautes, moyennes et basses de leurs territoires reçoivent dans leur propre langue un nom dont la signification comprend les règles d'usage et de gestion, ainsi que les obligations et les devoirs pour prendre soin des sources et des embouchures des rivières, collines, lagunes, grottes, roches, arbres et autres paysages et/ou éléments* »\*

Calixto, qui a visité de nombreux pays de ce globe, nous dit que cette loi originelle s'est manifestée, de manière différente dans la mosaïque des différentes cultures qui existent sur la planète, et que chaque culture originelle participe à l'équilibre planétaire. Jamais les peuples d'origine de la Sierra ne nous demandent d'être comme eux !
Ils nous demandent cependant de nous référer aux bases culturelles qui ont toujours existé sur notre territoire. Pour Calixto toutes les cultures ancestrales sont liées à la Terre et participent à l'expression même d'une unité globale de la vie sur cette planète !

\*Citations de la même revue colombienne : « El espectador » article de Ramon Torrez Galarza

## La mission du peuple Arhuaco

On peut se demander en quoi consiste le travail spirituel d'harmonisation effectué par les Mamos ? Sur un plan concret, il peut prendre d'innombrables formes, impliquant la nature, le temps cosmique et la symbolique des éléments.

Un exemple très parlant nous en est donné dans un petit film référencé sur Youtube : El buen vivir. (El Buen Vivir Capítulo 1 Curar con los espíritus)

Dans cette vidéo, un petit groupe de Mamos, hommes et femmes, se rend à pied dans les sommets de la Sierra, pour faire un rituel d'offrandes aux eaux d'un lac sacré, symbolisant l'origine de la Vie.

Le rituel a été motivé par une pénurie en eau, et une baisse du niveau d'eau dans les lacs sacrés de la Sierra.

Transcription des paroles de Mamo Adolfo, dans cette vidéo :

*« La communication spirituelle a été établie dès l'origine de l'Univers. Et nous, les Mamos, avons cette faculté. Notre responsabilité est de converser avec les esprits qui sont les propriétaires de la Nature. Nous ne parlons pas seulement de l'esprit des gens, mais aussi de tout ce qui existe. L'esprit de chacun vit dans ces montagnes.*

*« Mon nom traditionnel est Zarwawin... J'ai la responsabilité de guider spirituellement cette communauté.* (un village est montré dans le film)

*Je dois me demander ce que mes yeux voient. Et je vois de grands changements qui m'inquiètent. Pourquoi ces changements se produisent-ils ?*

*C'est parce que nous avons cessé de faire ce qui nous revient de droit selon notre Loi des Origines. La pensée dont nous avons hérité s'affaiblit. C'est pourquoi le niveau de l'eau diminue et la neige disparaît. Nous avons réuni les quatre peuples de la Sierra Nevada et nous nous sommes mis d'accord sur une solution...»*

Et c'est là que, dans la vidéo, l'ascension du petit groupe vers les cimes de la Sierra va commencer !

*« Je me dirige vers l'accomplissement du mandat que les esprits nous ont communiqué. Nous devons donner une offrande à la Mère de l'eau..., en allant vers les sommets de la Sierra auprès d'un lac sacré et seuls les enfants au cœur pur peuvent faire cela.*

*Si nous perdons notre lien initial avec les esprits du monde, l'humanité ne pourra pas vivre bien. La destruction de la Nature affaiblit l'esprit de la nourriture. Les besoins augmentent et de nouvelles maladies se propagent, au risque de nous voir disparaître. C'est pourquoi nous devons nous rendre à la neige et nourrir la Mère».*

À ce moment, un enfant s'approche de la berge et accomplit le rituel d'offrandes.

Ensuite l'un des Arhuacos présent prend son accordéon qu'il a amené, et les adultes se mettent à danser dans l'alpage.

*Tout ce que nous faisons pour être joyeux, danser et chanter, nous le répétons ici, c'est une façon de le rendre à la Mère. Ces chants et ces danses deviennent une nourriture spirituelle pour Elle. C'est pourquoi nous le faisons, et c'est ainsi que nous respectons la Loi d'Origine.*

*Nous voulons que les jeunes frères comprennent ce que nous venons de faire et nous aident à protéger l'esprit également. Si nous tous n'évitons pas la destruction, la neige s'épuisera. Et nous, les Mamos, nous savons que lorsque la neige aura disparu, l'Esprit de l'Eau mourra. Les ruisseaux et les rivières se tariront. Si vous croyez en ce message que je vous ai donné, nous vivrons tous bien à chaque aube».* (Mamo Adolfo Chaparro)

Suite à toutes ces déclarations des Mamos, nous sommes en droit de leur demander conseil.

## Que devons-nous faire ?

Nous assistons à un dialogue constant entre Calixto Suarez, mandaté par les Mamos Arhuacos, et les représentants du monde occidental que nous sommes. Calixto répond aux interpellations lors des rencontres avec lui.

Dans une vidéo d'avril 2023, Calixto Suarez nous adresse, une réponse très synthétique à toutes nos interrogations sur notre survie sur Terre, sous forme d'un véritable appel à nos consciences.

Ce n'est certainement pas par hasard que cette interview a été réalisée sur les hauteurs de la Sierra, plus précisément dans un site sacré jugé par les Arhuacos comme très important pour l'humanité. En avril 2023, ce site venait d'être réhabilité après avoir été délaissé depuis plus d'un siècle (du fait des événements successifs qui avaient eu lieu dans la Sierra).

Calixto ;

*« Commençons à nous comporter pour le bien de la planète. Beaucoup de gens nous demandent : « mais comment faire ? »*
*Commençons à diminuer le consumérisme. Pensons à cultiver les plantations d'aliments autochtones des cultures d'origine pour chaque région. De même pour les arbres, plantons des arbres natifs de chaque lieu, dans chaque partie du monde. C'est l'appel que nous lançons pour faire quelque chose pour la planète Terre. De même pour les forêts. Les forêts sont tellement importantes et fondamentales pour la Terre.*
*Commençons à penser que la Terre également commence à se soigner. Commençons à parler de la santé de la planète Terre tout comme de la santé des plantes, des forêts, des eaux, du vent et de tout... Parce que cela fait beaucoup de temps que nous parlons de la santé humaine. C'est important aussi, mais incluons la santé de tout ce dont nous avons parlé ici. La santé de l'eau, la santé du vent. Par conséquent, c'est notre invitation !*

*Et pour toute sollicitation, nous nous tenons prêts, nous nous tenons à disposition pour vous donner des informations, peu importe la culture qui nous sollicite.*
*C'est comme cela que nous travaillons en unité entre les 4 peuples de la Sierra, puisque la Sierra est un grand temple où se conserve, où habite la sagesse de l'origine. Tout comme dans n'importe quelle partie du monde.*
*Et dans ce but, projetons-nous vers le même horizon pour sauver, aider la planète. Ceci est notre invitation».*

Le témoignage de Frédérique, après avoir rencontré Calixto à Toulouse en 2019, résume bien l'essentiel du message des peuples de la Sierra au monde occidental : l'appel à la conscience qu'ils nous adressent, et l'harmonie qu'ils nous proposent de rétablir.

*« Hier, j'ai rencontré Calixto Suarez. Une belle rencontre ! Né Arhuaco, il est aujourd'hui Mamo, ambassadeur de la paix et porte-parole spirituel des quatre peuples indigènes de la Sierra Nevada de Santa Marta au nord de la*

*Colombie. Calixto Suarez voyage à travers le monde pour découvrir différentes cultures, traditions et modes de vie ainsi que pour nous délivrer un message et rapporter les nôtres. La terre est vivante, la preuve, il y encore des naissances et des pousses. La terre est remplie de gens de bonnes intentions, de bonnes énergies.*
*Nous sommes utiles à la terre ne serait-ce que pour l'admirer !*
*Toutes les espèces sont utiles et nous devons rééquilibrer ce que nous utilisons, ce que nous prenons, ce que nous mangeons. Si nous cultivons, nous devons recréer un espace de vie pour les animaux qui en avaient besoin. Profitons de ce que nous avons et surtout soyons heureux de ce que nous apporte la vie. Si nous avons beaucoup, partageons pour équilibrer. Si nous avons peu, nous pouvons aussi être heureux. Relions-nous avec la nature... L'essentiel est de vivre au quotidien selon des principes de paix et d'harmonie entre tous les êtres vivants et la nature dans le respect des lois d'origine. Vivre en harmonie avec l'eau, la terre, le feu, le vent, l'homme, les animaux et les plantes..., l'eau saine, la terre saine, l'air sain... Chez les Arhuacos, cœxister, protéger et harmoniser sont les principes fondamentaux qu'ils enseignent à leurs enfants et à toute la communauté. Ils croient à l'égalité. Toute la communauté participe aux prises de décisions, même les enfants.*

*Leur tradition est de se rencontrer, de dialoguer, de penser et de décider ensemble, ils se donnent comme mission de toujours rester unis afin de prendre soin des êtres humains et du monde. Leur souhait est que les gens prennent conscience que la Terre est comme tout autre être..., un être vivant ! Merci Calixto Suarez ».*

*Un lac sacré dans les hauteurs de la Sierra*

# Chapitre 2
## Historique de la rencontre avec Calixto Suárez

Au cours des chapitres suivants, nous traiterons du chemin que nous avons parcouru avec nos grands frères de la Sierra. En effet, nous avons eu la grande chance d'accompagner, dans ses tournées en France, leur porte-parole et «ambassadeur», en la personne de Calixto Suárez Villafañe. Nous témoignerons de ses venues régulières en France, et des multiples rencontres, organisées ou fortuites, qui ont eu lieu alors, dans des milieux chaque fois différents. Nous ferons part aussi des nouvelles qu'il nous envoie régulièrement entre deux tournées en Europe, nous témoignant des événements auxquels se sont confrontés les peuples de la Sierra, au cours de ces dernières années.

### Qui est Calixto Suárez Villafañe ?

Pour présenter Calixto, voici un extrait du CV officiel que nous a confié l'association DUNA qui coordonne ses projets et ses déplacements.
Calixto Suárez Villafañe, est un sage, représentant du peuple Arhuaco qui fait partie des quatre ethnies de la Sierra Nevada de Santa Marta en Colombie. Il est un défenseur de la culture amérindienne authentique, et fait partie du conseil des sages de l'ensemble des ethnies de la région de Santa Marta. Au niveau international, Calixto a travaillé avec Jane Goodall, biologiste et anthropologue très connue en Angleterre (elle a obtenu des prix mondiaux comme ambassadrice des animaux et a créé plus de cent écoles dans soixante-dix pays, dont deux à Bogota). Calixto a été invité dans certaines de ces écoles pour parler avec les enfants, de la nature et de l'estime de soi. Il a été consultant pour l'Association One Earth (une seule Terre, une seule humanité) en tant que représentant des peuples Indigènes. Dans le cadre de ce projet, il est allé dans les entreprises, interpellé par des travailleurs. Il représente les peuples autochtones auprès de CHRIO, organisation canadienne pour les droits de l'homme. Il a eu également des contacts avec des multinationales, avec l'idée de changer le système et a établi des contacts avec des ambassadeurs de différents pays. Ainsi favorise-t-il la communication transversale entre plusieurs peuples de la planète pour trouver des solutions communes aux problèmes de

l'environnement. En tant que conférencier et porteur de la vision de son peuple, il a participé aux initiatives de plusieurs institutions telles que : l'Institut des Sciences et Technologie de l'Environnement de l'Université Indépendante de Barcelone, l'Université HELMO, en Belgique, Ecoschool Roots & Shoots, en Angleterre. Il a aussi donné des cours dans plusieurs Universités au Portugal, à Madrid...

*Calixto*

Calixto a commencé à venir en France en 2003, invité par quelques amis qui l'avaient rencontré lors d'un rassemblement au Costa Rica.

Ce groupe avait créé une association : Tierra Viva, qui l'a accueilli en France, de nombreuses fois entre 2004 et 2010, en multipliant les rencontres dans des milieux très divers : visite dans des écoles et collèges, conférences en médiathèques, stages dans la nature.

Parmi toutes les rencontres mémorables de cette période, une entrevue avec l'évêque de Poitiers fut un moment très émouvant de réconciliation entre les grandes traditions, au-delà des époques : En effet, l'évêque et Calixto se sont pris dans les bras, et les larmes aux yeux, l'évêque a demandé avec beaucoup d'émotion, pardon pour les erreurs commises par l'Église lors de la Conquête.

Les moments d'échanges étaient chaque fois nouveaux et inoubliables. Nous avons eu tant de plaisir à porter les t-shirts réalisés avec beaucoup d'enthousiasme par les lycéens de Grenoble, avec le dessin de la colombe qui survole la Terre tenant dans son bec, son rameau d'olivier. Nous répétions avec enthousiasme les slogans amenés par Calixto qui nous transmettaient de manière joyeuse les messages pleins de vie de nos grands frères arhuacos, et nous reconnectaient à notre Terre Mère :

*« Si nous écoutons dans le silence, notre cœur s'embellit et la Terre-Mère sourit de Joie ! »*

Face à l'innocence et à l'humilité dont témoignent les peuples premiers, de nombreuses personnes ont été très touchées de l'occasion qui leur était offerte de pouvoir se reconnecter à leur propre quête personnelle intime et inavouée... celle des enfants de la Terre.

*Que résonnent mes grandes mélodies,*
*Que résonnent mes petites mélodies,*
*Qu'elles fassent sortir mes danseurs,*
*Que mes prisonniers soient libérés,*
*Ils sont mes vallées, ils sont mes montagnes ! (Calixto)*

Voici un petit texte de témoignage que nous envoie Marido qui avait participé à l'accueil de Calixto lors d'une visite en Ardèche chez Pierre Rabhi.

« *Nous cheminions entre racines et lianes de cette forêt millénaire au pied de Montchamp, la ferme de Pierre. Un peu comme les chèvres de Michèle (Rabhi) sautant de roches en roches derrière leur guide, jusqu'au sommet du plateau dominant la vallée du Chassezac et la chaîne cévenole barrant l'horizon au Sud. Lieu de contemplation, de méditation pour se recentrer après l'escalade. Nous formions un petit troupeau tranquille aux pieds de son berger dont la coiffe pyramidale immaculée évoquait d'autres massifs lointains de l'autre côté de l'océan. Calixto allait nous parler de Paix et comment la vivre au cœur de la tourmente que son peuple traversait alors dans la Colombie ravagée par les luttes fratricides en ce début de second millénaire.... Plus tard, nous aurions la joie d'être reçus par Pierre dans sa maison et si le dialogue interculturel allait bon train en espagnol parfois laborieux, les sourires et les silences fertiles témoignaient de la profondeur des échanges* ».

*Au bois de Païolive en Ardèche*

# Visites en Loire Ardèche

La petite association « Graines de santé » que nous avons créée en 2003, a proposé des rencontres avec lui, dans la région stéphanoise et en Ardèche. Et nous avons alors commencé à participer à son accueil en le formulant au gré des opportunités que la vie proposait.

Voici quelques-unes des plus belles pages de vie et de rencontres vécues à cette époque.

En 2005, une soirée était organisée dans une ancienne demeure du hameau de Monteil, à Lamastre, en Ardèche.

Une yourte avait été installée dans le pré voisin pour la soirée. Et un enseignant avait amené quelques jeunes d'un centre d'éducation spécialisée des environs, pour qu'ils participent à la soirée. La proposition était un accueil avec une improvisation musicale par ce groupe. Nous étions assis en cercle dans la yourte et les jeunes pouvaient choisir un des instruments placés au milieu du cercle, et ainsi se lancer dans un concert improvisé. A vrai dire la musique était quelque peu cacophonique, mais !... Ce concert a été très vite interrompu par la survenue d'un orage qui a offert un spectacle son et lumière des plus grandioses, laissant pantois nos apprentis musiciens..., qui sont d'ailleurs très vite allés se coucher. La pluie devint alors toute douce, invitant le groupe qui était là avec Calixto à une longue méditation nocturne silencieuse et paisible.

Le lendemain, jour de Toussaint, les énergies étaient tout à fait posées, le ciel était d'une grande pureté, sans un nuage et l'espace de méditation, une vaste grange restaurée, nous accueillait dans une belle atmosphère de paix.

Nous avons pu recevoir dans une grande réceptivité les enseignements que proposait Calixto toute la matinée.

À midi, les tables avaient été dressées dehors pour le repas. Et, surprise pour tous : à la fin du repas, la maîtresse du lieu est venue, tenant dans ses bras, son bébé nouveau-né, une petite fille dont elle avait accouché la veille, dans cette belle demeure. Elle l'a présentée à Calixto qui, très humblement lui a offert sa bénédiction !

Voici le témoignage du papa de l'enfant ;

*« Je me souviens de ce week-end incroyable de la naissance de notre dernière fille il y a 20 ans. J'imaginais sa venue dans notre lieu d'accueil, calme,*

*paisible et tranquille…*

*Mais voilà la vie en avait décidé autrement, elle est née le jour où Calixto venait faire une grande conférence, rituel de passage, guérison entre les peuples premiers et l'Ardèche. Quatre-vingt personnes à la maison. L'équipe cuisine est au top, la grande salle est prête à accueillir. La yourte est plantée dans le champ, le parking est plein à craquer, et une équipe de jeunes vient agrémenter le tout. Tout est parfait, l'abondance au programme de tous les instants. La maman se prépare aussi, elle pressent la magie opérer en elle, et une fois de plus le mystère de la naissance qui s'invite au-delà de tout calendrier. C'est notre quatrième enfant, les années ont passé, on ne l'attendait plus, mais elle voulait venir dans ce monde. On a dit oui, malgré la quarantaine de la maman, et la fatigue accumulée durant ces années. Merci.*

*À la nuit tombée, les premières contractions se font sentir pour mon ex-épouse. La sage-femme, qui en l'occurrence est une amie, arrive. Je suis dans tous mes états, au four et au moulin si j'ose dire. La nuit va être longue, et dehors l'orage gronde, le feu crépite, les chants accompagnent l'ensemble.*

*Et la nuit fut très longue pour la maman courageuse, qui affrontera les vagues une à une, jusqu'à l'aurore où ce petit bout de chou pointe son nez toute souriante et pleine de vie. Au matin le soleil est là, radieux et la grande cour de Monteil est bondée de sourires. Une ambiance unique nous bénit tous. Nous n'avons pas dormi. Je me souviens que Fanny, après avoir vécu de tout son être ce marathon, était étonnamment remplie, comme régénérée, d'une nouvelle énergie. Elle est venue présenter notre nouveau-né à tous les amis présents et à Calixto qui l'a bénit. Une anecdote très marquante va nous être racontée par lui : Deux jours plus tôt, il était dans la Drôme pour une autre conférence. Et pendant cette cérémonie, une femme de l'assemblée se lève et raconte sa vision : elle voit une mère qui emmène son enfant vers le soleil. Calixto nous demande comment nous l'appelons, on lui dit Sourya qui veut dire soleil. Incroyable révélation pour nous et pour ce nouvel être au destin si particulier, qui n'arrête pas de nous surprendre, par ses capacités incroyables d'adaptation, de résilience, de détermination époustouflante.*

*Aujourd'hui elle à choisi son deuxième prénom, Diane, pour poursuivre son incarnation dans ses études de psycho. Elle a fait preuve d'un courage incroyable lors de la disparition de sa sœur chérie Marion, en février 2023, avec qui elle a un lien unique, et qui, de là où elle se trouve, continue de l'inspirer et de lui souffler dessus… ».*

*Calixto et les pierres...*

Lors de cette tournée de 2005, nous avons eu également le plaisir d'accompagner Calixto à une visite au siège du Conseil Régional Rhône-Alpes à Charbonnières, près de Lyon. En effet, une personne de notre petit groupe avait des liens d'amitié avec un Conseiller « Vert », et un rendez-vous officiel avait pu être pris.

Ensuite, comme elle sait souvent le faire, la Vie a tout organisé pour le mieux, ceci à notre insu !

Nous nous y sommes rendus à la date prévue. Précisément ce jour-là, l'Assemblée siégeait et tous les conseillers étaient présents. Nous sommes arrivés en milieu de matinée : à ce moment, une pause devait avoir lieu, dans les débats du Conseil. Pause au cours de laquelle il a très naturellement été proposé aux conseillers présents de rencontrer Calixto et de visionner le merveilleux diaporama sur son peuple et sur le message des habitants de la Sierra, que nous avions apporté. L'enthousiasme a été unanime.

En fin de séance, plusieurs conseillers, de droite comme de gauche, sont venus s'entretenir avec lui, comprenant que le message de peuples sages et respectueux de la vie sur Terre était essentiel : « Il faut que les générations futures vous connaissent, disaient-ils. Venez dans nos écoles ! »

À cette période, nous avons accompagné ses visites dans des cadres très différents. En voici quelques exemples : la visite d'une étable bio dans laquelle l'agriculteur avait mis toute sa conscience pour offrir au monde animal le maximum d'attention et d'amour, avec des soins respectueux pour chacune de ses vaches !

Puis ce fut la visite d'une miellerie, où l'apiculteur se désolait face au déclin des abeilles en proie aux agressions toujours croissantes du monde moderne envers les insectes.

Nous observions l'attitude de Calixto, toujours pleine de respect pour tous, et son accueil aux propositions d'alternatives face au modèle dominant et aux solutions plus respectueuses de la nature et des éléments.

Parfois il se mettait en retrait, il ne répondait pas à une sollicitation mais jamais il n'adoptait une attitude de contradiction ou de dénonciation des agissements du monde occidental. Il a toujours montré un grand respect pour notre culture. La première parole dans sa conférence à la médiathèque de Poitiers en 2004, était un remerciement pour les « petits frères » qui avaient construit les avions sans lesquels il n'aurait pu venir nous rencontrer ! Et lors de la pandémie, les premiers mots de sa vidéo conférence étaient un remerciement à ceux qui avaient mis en place ces dispositifs de communication sur internet, nous permettant de nous relier malgré l'isolement général conféré par le confinement.

Jamais, il ne se présente comme un «shaman» malgré les sollicitations de «petits frères» curieux d'ésotérisme. Il ne fait part de son ressenti et de ses perceptions extrasensorielles que lorsque c'est nécessaire pour l'évolution du groupe qui l'accueille. Ainsi, nous l'avons vu s'arrêter un soir devant un gros rocher, situé tout près de la maison des amis qui l'hébergeaient. Après un moment de silence, il nous a confié : « La pierre se plaint d'avoir été cassée. Elle était en connexion avec un réseau tellurique et protégeait le lieu et les environs ! » (Des travaux avaient été récemment réalisés pour l'agrandissement de bâtiments).

Le chemin qu'il montre n'est pas forcément celui de dénoncer toutes les absurdités du monde occidental, c'est plus humblement de nous aider à prendre conscience de nos propres erreurs et à agir à notre «petite échelle» pour restituer l'harmonie.

*« Toute notre agitation pour discuter, convaincre ou lutter nous amène seulement à une hémorragie d'énergie et cette énergie perdue n'alimente pas notre vie intérieure ni l'importance d'être bien avec nous-mêmes et en harmonie ». (Citation de Mamo Adolfo)*

Calixto parle volontiers de l'approche des mondes invisibles qui font partie de la culture de son peuple et nous engage à nous ouvrir à nos perceptions, dans l'humilité d'une présence à ce qui nous entoure. Mais, dans son attitude, il reste volontiers discret, et ne témoigne que très rarement des « informations » du monde invisible qu'il perçoit. Dans l'accueil et le respect de la culture occidentale qui l'accueille, il cherche toujours à valoriser les tentatives mises en place par les groupes qu'il rencontre, visant à retrouver un chemin de conscience et à créer de véritables espaces de guérison au sein de notre société.

Parfois, lorsqu'il lui est demandé un avis sur une problématique locale particulière, il se réfère aux coutumes de son peuple, mais il nous invite à composer notre propre réponse sur les bases de notre mode de vie occidental. Ainsi dans un village d'Ardèche, les habitants s'inquiétaient de projets d'extension démesurée d'une carrière. Ce projet avait reçu l'aval des autorités concernées. Il a témoigné ;

*« Dans mon peuple, devant une telle situation, nous ferions un grand rassemblement pacifique sur le lieu même de la carrière, avec un temps de prières pour témoigner à la Terre-Mère de notre désaccord au fait de lui infliger une telle dégradation, et ainsi nous remplissons notre devoir d'humains en respect à Mère Nature… ».*

Ainsi, pour eux le problème est alors confié au Divin, cela ne concerne plus la volonté humaine !

Les habitants de ce lieu ont su transposer : en organisant un week-end de conférences sur la préservation des écosystèmes, réunissant ainsi beaucoup de monde.

## Le Dharmasūya Mahāyāga de février 2014 en Inde

En février 2014, par l'intermédiaire de ses amis, Calixto a été convié en tant qu'invité d'honneur lors du Dharmasūya Mahāyāga, un événement exceptionnel qui s'est déroulé à Palakkad en Inde, dans l'État du Kérala.

Ce rendez-vous avec un sage de la grande tradition védique indienne a été pour lui un événement des plus marquants, auquel il se réfère souvent. Il a ressenti profondément une grande concordance entre les connaissances millénaires des Mamos et la grande tradition védique de l'Inde.

Il en témoigne ainsi dans sa dernière conférence à Paris, en septembre 2024 ;

*« Et ainsi, j'ai rencontré le Maître indien Sri Tathâta. Et nous avons créé des liens forts. Dans la Sierra, nous avons continué à travailler, bien-sûr dans des formes différentes, mais avec la même essence. Bien que nous soyons éloignés géographiquement, nous travaillons dans le même axe ».*

Un yāga est un rituel venant de la tradition védique, qui remonte à la nuit des temps de la tradition indienne. Mahāyāga veut dire grand yāga. Le Dharmasūya Mahāyāga, conduit par le sage Śrī Tathāta, était accompli avec un but élevé et large, incluant le rééquilibrage des forces de la nature et du mental humain. Les rituels d'offrande au feu sacré et les récitations d'hymnes étaient au cœur du Dharmasūya Mahāyāga.

Ces hymnes, de même que les indications concernant les rituels, proviennent des Vedas, les écritures saintes les plus anciennes de l'Inde. Les Vedas ont été transmis à l'humanité par les Rishis, grands sages des temps anciens qui, d'après la Tradition, avaient accès à la perception directe de la Réalité. Le védisme est resté vivant, sans interruption, depuis ces milliers d'années grâce à la transmission des Vedas de maître à disciple. L'ensemble de ces facteurs donne aux Mahāyāgas une puissance rare pour influer positivement sur le bien-être futur de l'humanité.

Les êtres de haute conscience comme Śrī Tathāta expliquent que, dans ces temps de grands changements, la possibilité est donnée aux êtres humains d'atteindre un niveau de conscience plus élevé, prenant en compte l'Ordre cosmique, ce qui leur permettra de résoudre les problèmes auxquels ils sont confrontés collectivement.
La présence de nombreuses personnalités représentant tous les domaines de la société (leaders politiques, religieux ou spirituels, scientifiques, personnalités du monde culturel ou artistique…), et venant de nombreux pays, est un facteur important pour la réussite du Dharmasūya Mahāyāga. Leur présence exprime de façon visible son caractère universel.

Ces personnalités étaient invitées à se joindre aux récitations de mantras qui ont été formulées chaque jour. Il est dit que : lorsque des représentants de l'humanité unissent leurs pensées pendant la descente d'une grande Énergie divine, en présence d'un être de haute conscience, tel que Śrī Tathāta, leurs intentions positives pour l'humanité deviennent réalité. Leur participation revêt donc une importance majeure. Les rituels d'offrande au feu sacré et les récitations d'hymnes sont au cœur du Dharmasūya Mahāyāga. Calixto témoigne ainsi de la puissance du Mahayaga ;

*« À travers les exercices, les méditations, la présence du Feu, c'est l'énergie universelle des éléments qui est en mouvement, et cela concerne toute la nature : de cette manière, nous sommes tous liés à ce mouvement du Mahāyāga. C'est pour cela que le travail de Śrī Tathāta est beaucoup plus profond que ce que l'on peut en voir publiquement. Je suis impressionné, je ne sais pas comment Il travaille… Cela va être un grand potentiel pour l'Humanité, pour la planète ».*

On voit là une correspondance étroite avec ce que nous disent les Mamos des peuples de la Sierra Nevada de Santa Marta. D'après eux comme pour les grands sages de la Tradition indienne, le mental humain et les forces de la Nature sont toujours liés, nous ne sommes pas séparés de la Terre. C'est pourquoi ils nous engagent toujours à prendre soin de nos pensées, et de notre âme.

*Lors du Mahayaga de 2014, les grands invités de différentes traditions, autour du sage Sri Tathâta*

## Son parcours en France depuis 2014

Depuis cette date-là, une communication plus étroite s'est établie pour nous avec Calixto. Il a alors entretenu avec nous un échange régulier, qui nous permettait de nous sentir réellement en lien avec les peuples de La Sierra.

Bien sûr, son propre parcours, qui a connu une grande expansion, l'a mené à cette période dans beaucoup d'autres pays, tantôt donnant des cours dans des universités à Madrid, Barcelone, Lisbonne, participant à des congrès à Genève au siège de L'ONU, à l'institut Findorn en Écosse (congrès sur le changement climatique CCC19 : «Climate change and consciousness»), événement qui s'est déroulé avec la présence de nombreux leaders indigènes. Il a aussi participé à un congrès en Belgique avec des scientifiques qui se penchent sur la relation entre la santé humaine. Il a aussi honoré les invitations de nombreux groupes, en Italie, en Tchéquie et encore dans bien d'autres pays. En France, il est allé plusieurs fois rendre visite au centre Terre et Humanisme, fondé par les amis de Pierre Rabhi qui promeut l'agroécologie. Calixto a montré qu'il tenait à encourager les groupes résolument engagés dans des alternatives de vie communautaires en lien avec la Terre et la Nature. Il y a animé des journées d'ateliers, et donné des conférences.

Témoignage de Stéphane Jansegers, formateur depuis 2008 à Terre et Humanisme, animateur en agroécologie et permaculture.

*« Calixto nous a plusieurs fois fait l'honneur de sa présence au sein des jardins de l'association. À Terre & Humanisme, la mission principale est la promotion et la transmission de l'agro-écologie, en France et à l'international. Nous nous interrogeons souvent sur l'importance de «réenchanter» notre rapport au vivant. Dans ses livres, le paysan philosophe Pierre Rabhi, propose de très belles révisions de nos habitudes individuelles et collectives en ce sens. Une notion chère à son cœur est celle d'un nécessaire changement de paradigme de société. Nous avons pu vérifier qu'à bien des égards, nous nous retrouvons dans les propositions de ces « grands frères » bienveillants qui nous inspirent beaucoup ! Dans les jardins multi-stratifiés de Terre et Humanisme, riches en biodiversité, nous plantons en conscience, avec technique et savoir, mais aussi avec plaisir, soin et partage. Cultiver et s'inscrire dans l'intelligence du vivant, c'est aussi ce que nous enseigne Ca-*

*lixto. Lorsqu'il décrit l'attention quasi parentale que son peuple porte aux cultures, « élevez-les comme vos propres enfants », dit-il, aider les plantes alimentaires à s'épanouir avec ce type d'attention fine leur confère une excellente qualité nutritionnelle : lui parle d'énergie pour le corps, l'esprit et l'âme. Cela se passe forcément dans un sol vivant, équilibré, réfléchi, pensé avec précaution, présence et écoute pour comprendre et savoir quels gestes pratiquer, dans le respect des équilibres, pour harmoniser les relations de tout ce qui vit autour et interagit avec ces légumes, fruits, plantes compagnes. Soigner cette terre et ces êtres qui seront bientôt partie intégrante de notre corps, c'est comprendre simplement l'importance et les bases de nos liens intimes. Une alimentation saine et accessible à tous, voilà un des piliers d'une société qui chemine vers plus de sens et de résilience écologique. Pierre ne disait pas autrement dans ses livres, en comparant les sols humifères aux placentas de nos vies. Ainsi, nous ne pouvons que souscrire à cette approche délicate et vivifiante ! Ces temps d'échanges précieux en compagnie de Calixto et Pierre Rabhi rafraîchissent et actualisent la fraternité qui anime nos rencontres. Je me rappelle d'une question d'une de nos jardinières : « Mais comment réagissez-vous lorsqu'un ravageur détruit une de vos cultures ? » - « Nous nous asseyons et cherchons à comprendre ce que nous avons mal fait ou déséquilibré » ...Un jour, nous nous retrouvons pour un atelier autour de la possibilité de se soigner les uns les autres, animé par Calixto. Une trentaine de sympathisants de l'association, ainsi que des salariés, bénévoles et amis, se retrouvent dans les jardins pour un temps animé par Calixto. Un temps de mise en confiance, quelques témoignages et partages autour de ce que son peuple perçoit, puis nous nous lançons dans ce qui, en apparence, ressemble à un jeu d'enfant. Chacun doit choisir une pierre qui « se présente » à lui, une fleur et une branche, avec des directives de concentration. Il s'agira ensuite d'utiliser ces attributs, ces singuliers bouquets personnels, pour penser, sentir et prodiguer un soin à l'autre, du masculin vers le féminin, et inversement. Chacun se laisse traverser avec tranquillité par ce qu'il ressent, peu de mots, beaucoup d'émotions... Les participants ressortent avec un sentiment étrange d'avoir traversé quelque chose de beaucoup plus sérieux et profond qu'il n'y paraît, beaucoup de joie et de gratitude pour cette journée qui reste gravée dans nos mémoires. Notons que ce travail fait à Terre & Humanisme a amorcé la mise en place d'outils de gestion de conflit, ce qui à dissipé beaucoup de tensions et permis de retrouver une réelle expansion dans les années qui ont suivi.
Nous avons également visité l'écolieu du Hameau des Buis pour un autre atelier avec notre ami arhuaco. Là encore, nous nous sommes installés dans*

*Calixto et Pierre Rabhi à Terre et Humanisme*

les magnifiques jardins de production sous la chèvrerie. Une quinzaine de personnes ont participé aux ateliers, principalement des amis du réseau local. Nouveau partage autour des notions de souffrances et de guérison des mémoires traumatiques et de ce qu'on pourrait maladroitement appeler des paiements énergétiques aux territoires.

Calixto nous expliquait toute l'importance de cultiver une pensée juste, bonne, douce, soignée, « el pensar bonito » qui est féconde pour soi et pour la communauté. Il attirait notre attention sur le fait que, d'après les siens, si nous étions si malades en Occident, c'est essentiellement parce que nous ne savons pas quoi faire de nos mémoires encombrantes, négatives. En quelque sorte, nous leur refusons leur seule utilité, qui est de nous faire prendre conscience des mécanismes de la souffrance pour ne pas perpétuer les mêmes actes blessants ou schémas illusoires de génération en génération. Il s'agit de guérir les blessures en les visitant, en intégrant leur utile apprentissage et en les remerciant pour s'en séparer définitivement. Suit alors une méditation guidée et des exercices pratiques pour extraire et placer dans de petits cotons précieusement récoltés, ces noirceurs utiles et les rendre à la terre dans des lieux consacrés à cet effet.

À la fin d'un second partage, un cœur est formé au sol avec toutes sortes de petits cadeaux reçus de la nature. Calixto nous dit alors que l'arbre sous lequel nous étions, serait dans le futur (comme un arbre de paix, un arbre à palabres), un lieu de pacification et que l'on pourrait venir sous cet arbre pour dialoguer et solutionner des situations de frictions.

Du séjour de Calixto chez nous, je garde d'excellents souvenirs (et de belles photos). Des rencontres surtout, avec des lieux magiques d'Ardèche, balades dans le bois de Païolive, visite de la grotte de la Dragonnière de Banne, marche jusqu'à la cascade de Beaumicou à Vernon, découverte du plateau calcaire de Notre-Dame de Lablachère. De belles rencontres aussi avec Pierre Rabhi, Calixto et l'association des femmes semencières autour de la question de la préservation des semences traditionnelles, échanges avec le moine cistercien Jean-François Holthof installé depuis 25 ans à l'ermitage Saint-Eugène de Chassagnes aux portes du Bois de Païolive et très impliqué dans la préservation des richesses historiques et naturelles de cette forêt enchanteresse. Par la qualité de sa présence, de son regard et de son écoute, Calixto ne cesse de nous impressionner. Son cœur est toujours aligné avec sa pensée. Ses paroles éclosent comme des floraisons printanières, à la fois simples et pures, mais empreintes de la force des méandres du temps. Elles évoquent la joie légère des vols de papillons et la sérénité immuable du granit de montagne ».

## Quelques visites qui ont marqué cette période

Ainsi, en novembre 2018, nous avons, avec Calixto, découvert des espaces lumineux, l'école du centre des Amanins, fondé par Pierre Rabhi et son ami Michel Valentin. Cette école a organisé un accueil joyeux pour une matinée de dialogue avec les enfants.

Dans la salle de classe, les enfants se trouvaient assis en cercle en présence de Calixto. Ils avaient préalablement vu un documentaire sur la culture arhuaca et chacun d'eux avait préparé un petit papier avec la question qu'il voulait lui poser.

Il pouvait s'agir des jeux des enfants dans la Sierra, mais aussi de vraies questions touchantes posées par des enfants, depuis leurs âmes. À la question « Que faites-vous quand quelqu'un vous attaque ? », Calixto leur a dit qu'il remerciait parce cette personne lui permet de chercher un meilleur équilibre. Il a aussi dit que l'attaquant cherche à exprimer quelque chose, alors, un cercle se réunit pour écouter l'attaquant. Quand celui-ci a fini d'exprimer ce qu'il avait à exprimer, sa colère s'envole. Les enfants ont montré aussi leur curiosité à savoir comment les Arhuacos se situaient par rapport aux facilités du monde moderne.

À la question : « Et vous, vous utilisez le téléphone portable ? », Calixto a répondu : « Nous, notre téléphone, il est là ! En mettant la main sur son cœur ! C'était en dire long sur les capacités des Arhuacos à communiquer à distance par la télépathie ».

Ensuite, nous avons pris le repas dans les belles salles voûtées restaurant communautaire de ce lieu alternatif. Situé dans les bâtiments d'une ancienne ferme réhabilitée en centre de formation international, l'espace des Amanins accueille des stages et aussi des bénévoles qui participent aux travaux quotidiens de la ferme. Le soir était donnée une conférence, dans le bourg voisin d'Allex, et l'assemblée était nombreuse alors qu'une abondante chute de neige se manifestait à l'extérieur. Il a alors offert à ceux qui avaient osé affronter la tourmente neigeuse, des trésors de sagesse dont voici quelques extraits.

*« Pourquoi discuter des méfaits infligés à notre planète, discuter ne sert à rien, il est préférable d'aller trouver le sens de sa propre valeur et de la valeur de chaque être. Écouter son cœur, le cœur des autres, le cœur de la Terre et à partir de là poser une intention : « Que la paix soit sur Terre » par exemple.*

*On peut parler de Lumière ou Esprit, on parle de la même énergie. La lumière n'a pas besoin de nous, elle nous protège et nous permet d'y voir clair. Je regarde la lumière du soleil qui se lève, je fais 3 respirations, je dis merci à la Vie. Avec 3 respirations profondes expir et inspir, je remercie la Vie. J'inspire avec toute la cage thoracique et l'abdomen, et je me remercie, je m'aime et je ressens ma « valeur ». J'expire en remerciant et en exprimant de la gratitude pour tout ce qui m'entoure, l'eau, les êtres, la terre, les étoiles, etc.*

*Je respire 3 fois tous les jours, mais aussi dès que j'ai une contrariété, un souci… Quand le soleil passe au-dessus de moi, il me purifie et guérit mes souffrances. Je m'assieds quand le soleil se couche, j'envoie tous mes souhaits avec tout mon amour. Tout passe par l'offrande et la gratitude. Je dois aussi l'appliquer à moi-même, car je suis en train de le vivre ici sur la Terre, en ce temps présent. J'expire et je dis merci à cela.*

*Le travail à faire, c'est aussi donner l'offrande et la gratitude aussi à ce qui nous semble mauvais - les souffrances, les émotions négatives, etc. »*

Et aussi quelques conseils tirés de sa propre culture, aux agroécologistes présents.

*« Que serait la Terre sans nous les humains ? la Terre est importante parce que c'est là que nous vivons ! Dans les champs nous laissons des plantes destinées aux animaux sauvages, c'est notre façon de partager, de participer à la grâce divine. Quand je cultive, je plante une partie des graines pour les animaux, c'est la part de la Nature, je la leur laisse, à la fois en gratitude et en offrande. Lorsqu'on va dans les champs, on met des habits sales pour que la plante ne soit pas vexée si je l'aborde avec des habits neufs qui ne véhiculent aucune information. Nos champs et nos plantes se nourrissent des informations subtiles transportées par nos vêtements. Souvent on ne donne rien à la Nature, on prend uniquement.*

*Cependant, on peut offrir avec amour nos émotions, nos souffrances accompagnées avec la respiration… Si j'éprouve de la souffrance, il me faut apprendre à dire merci pour cette douleur, car c'est une information qui a besoin d'être libérée, il faut lui donner à manger, la reconnaître et l'offrir. En respirant profondément, j'accueille et j'offre, cela libère la souffrance et elle s'en va ».*

*« Si je ne suis pas heureux, je me fais du mal et également je fais mal au monde invisible. Je dois remercier pour ce que j'ai fait et accompli, c'est l'offrande divine de mon corps. Simplement remercier pour ce que j'ai, ce que je suis ! »*

Un témoignage de Christian vient confirmer la belle ambiance lumineuse et confiante de cette rencontre.

*« Je me rappelle surtout de sa forte présence et du calme et de cette sérénité qu'il dégageait : À une question sur l'écologie, il a fait part de l'importance de notre pollution mentale plus grave que des phénomènes extérieurs. En fait les paroles exactes ne sont pas restées dans ma mémoire, mais le goût de la rencontre reste très présent en moi. La simplicité de cet homme et son lien avec la nature et avec les éléments, le ciel, la nature végétale et minérale contrastent avec notre société occidentale qui a perdu ce rapport avec le divin aussi simple, et que Calixto nous transmet uniquement par sa présence ! »*

Nous avons été témoins de tant d'anecdotes que l'on pourrait raconter et qui interpellaient profondément nos âmes. Souvent ont eu lieu des interférences inattendues avec mère Nature qui semblait jouer avec nous. Ainsi une nuit de pleine lune, un grand cercle tracé au sol par des sangliers se trouvait là, en pleine forêt et nous invitait à nous asseoir en cercle pour un temps de méditation ! Le nombre de personnes présentes ne semblait pas être important, l'important était bien ce qui se vivait dans la rencontre, et la transmission d'amour universel qui s'offrait.

Parmi tant de rencontres mémorables, nous citerons celle-là. Cela se passait fin novembre 2017, il faisait déjà froid dans le Diois, et le lieu du rendez-vous était sur les hauteurs, dans un petit hameau déjà dans la neige. Une toute petite chapelle, soigneusement entretenue de fleurs et de prières par quelques familles du lieu, nous ouvrait ses portes, chauffée depuis le matin. Quelques bancs rustiques et une dizaine de chaises avaient été installés en cercle autour d'un petit autel. Nous étions en tout petit comité, dans un lieu qui appelait l'intimité, la relation vraie avec nos âmes. Le point commun qui reliait les personnes présentes, enseignants, parents, éducateurs ou grands-parents était le thème de l'éducation. Intuitivement, Calixto l'a perçu et la première question qu'il a posée au groupe était : « Comment ressentez-vous le futur pour nos enfants et petits-enfants ? » Et chacun était invité à s'exprimer à tour de rôle. Il y avait les pessimistes, les inquiets, et ceux qui malgré tout faisaient confiance. Lorsqu'il a pris la parole, Calixto a tenu à installer une énergie de confiance complète dans le temps à vivre ;

*« Les enfants qui viennent actuellement, savent dès leur naissance qu'ils arrivent dans un monde très perturbé. Mais il leur est donné des clefs, un potentiel, pour composer avec cela.*
*À partir de là, Ils trouveront eux-mêmes les réponses qu'ils auront à formuler, pour transformer. Nous pouvons leur faire confiance et nous devons les accompagner en leur montrant la joie et la confiance ».*

En quelques phrases, il orientait la pédagogie sur des bases de pleine foi dans la vie et dans le potentiel de chacun à partir de son identité vraie. Et cela, je pense, a été reçu cinq sur cinq, par toutes les personnes présentes. Un chaleureux goûter campagnard dans la maison de nos hôtes a permis ensuite de personnaliser davantage d'échanges, dans cette énergie de joie. Témoignage de Géraldine, qui a mis au monde sa petite fille lors de la tournée de Calixto l'année suivante en novembre 2018 ;

« Après 48 heures de « travail », qui devait se terminer par une césarienne, entourée de ma famille de cœur, j'ai mis ma fille au monde. Le lendemain, Calixto est entré dans ma chambre d'hôpital. Il était d'une grande simplicité et d'une douceur indescriptible. Il s'est penché sur le berceau de ma fille et lui a touché le visage avec bienveillance. Puis il s'est approché de ma marraine qui traduisait ses paroles, pour dire : « Cet enfant va désormais bien ainsi que sa maman, je suis heureux que tout aille bien ! »
J'ai compris à ce moment-là qu'il avait prié pour nous, car au fond de moi je savais que ma fille et moi, nous revenions de loin. Une grande gratitude m'envahit !
Plus tard, j'ai su que Calixto avait arrêté un atelier qu'il animait, afin de se retirer et nous aider, dans sa méditation, à réaliser le miracle de la Vie. Plusieurs années se sont écoulées et Calixto est toujours présent pour nous. À chaque rencontre, nos cœurs se réjouissent : Calixto est devenu notre parrain du bout du Monde, celui qui nous reconnecte au réel, à la nature et à notre vraie noblesse d'âme. Calixto nous appelle : « Petits frères et sœurs », car il espère éveiller, en nos âmes, notre conscience sur l'urgence de nous reconnecter à notre Terre, notre mère nourricière, notre maison à tous.
Un grand merci à tous les êtres éveillés qui, depuis la nuit des temps, œuvrent sur la planète pour y apporter la paix et l'espérance d'un monde meilleur ».

## À la rencontre des courants spirituels d'Occident

Calixto a toujours considéré que sa mission porte aussi sur le dialogue entre spiritualités, au-delà des religions. Il considère que ce qui compte au-delà des différentes formes adoptées par chaque religion, c'est la connexion à la Source, la reconnexion au Divin à l'intérieur de soi. Pour lui, c'est cela la vraie spiritualité, quels que soient les rituels qui l'honorent. Aussi a-t-il souhaité rencontrer des groupes religieux de divers horizons.
En Juin 2019, il a honoré l'ashram de Hauteville, espace sacré interreligieux créé en Ardèche par Arnaud Desjardins. Calixto était invité pour l'Assemblée générale annuelle. Lors de cette visite, il s'est relié à Arnaud Desjardins avec l'âme duquel il a ressenti une forte connexion depuis les mondes subtils.
Le fils d'Arnaud, Emmanuel Desjardins, qui porte la responsabilité du centre, nous a confié ; « J'aime beaucoup Calixto, j'ai été touché par sa

*présence et sa noblesse, il sera toujours le bienvenu à Hauteville, et je souhaite que son message soit diffusé et entendu par le plus grand nombre possible de personnes ! En même temps, cela me fend le cœur de mesurer les souffrances de son peuple ».*

Il est également allé au monastère orthodoxe de St Michel du Var, rencontrer un groupe autour de Monseigneur Martin.

Après le Mahayaga de 2014, Calixto a aussi tenu à honorer, lors de chaque visite en France, l'ashram du Shanti Pitha, au Jardin de Safran, à Varaire dans le Lot. Ce centre spirituel a été fondé en 2007, pour accueillir le Maître indien Śrī Tathāta quand il venait en France, tous les ans. Calixto a ressenti une complète fraternité d'âme avec les membres de la communauté qui résident en ce lieu et spécialement avec Maitreyī Ammā, qui a la responsabilité de Mère de cet ashram et avec laquelle il a une grande connexion et une convergence de vue sur l'aspect universel de la spiritualité.

Il en témoigne lors de la conférence donnée au Jardin de Safran en 2019, qu'il a commencé avec ces mots ;

*« Merci à mon amie, nous avons toujours été amis, une amie d'avant, de maintenant et d'après, cela nous unit, car notre amitié était prévue depuis longtemps et je remercie aussi pour cela ».*

À chaque visite, nourri par le grand lien d'amitié qui l'unit aux résidents de l'ashram, et aux personnes vivant aux alentours, il offre de beaux moments de partage avec de merveilleux messages pleins d'amour.

Témoignage de Marie-Ange ;

*« Avoir sur son chemin des êtres lumineux comme Calixto est un énorme cadeau. En sa présence, je découvre le peuple arhuaco dont l'aspiration est de vivre et de se fondre avec la nature et les éléments. Ils ont un tel respect pour la Terre-Mère ! Un des souvenirs avec Calixto : lors d'une de ses venues à Varaire en 2017, nous étions assis en cercle auprès de lui et nous avons fait une méditation : une paix profonde et pleine de douceur se propageait en moi. Puis il nous a pris dans ses bras, chacun à notre tour. C'est un moment gravé dans ma mémoire ! »*

Voici des extraits de la conférence qu'il a donnée au Jardin de Safran, en juin 2019.

*« Le chemin spirituel est de voyager sans attente, c'est comme un chemin de*

*vacances, le plus beau, c'est de partir sans aucune intention, sans projeter ce que l'on veut ! Ce que je rencontrerai sera parfait !*
*Si j'ai la volonté de trouver quelque chose, je peux avoir une déception et je ne suis pas content. Je perds mon chemin, ou je vais dans une direction qui n'est pas le chemin que je devais prendre. Il ne faut pas mettre de conditions à la vie, la Vie est libre ! Il ne faut pas interpréter la vie, mais la ressentir. On doit être heureux, en paix avec soi-même et avec le Monde.*
*Mais sans émotion, ce n'est pas la vie, non plus : si je n'ai pas d'émotion, je suis mort. Je ne veux pas dire que les maîtres spirituels ne souffrent pas, ils souffrent encore plus que les gens normaux. On croit que les maîtres illuminés sont heureux. Nous ne sommes pas heureux, mais nous sommes tranquilles. Nous essayons de cheminer tranquillement avec la force intérieure. La communication a plusieurs niveaux : quand un enfant naît, il communique de lui-même, sans mot, mais depuis ses sentiments. Il est heureux ainsi.*
*Ce qui est beau c'est la communication qui vient du cœur, que je peux avoir si j'ai foi en moi-même, foi en l'amour ».*

Durant ce temps d'échange, il rappelle aux personnes venues le rencontrer ce jour-là, les messages essentiels que son peuple adresse aux sociétés d'Occident. Et le chemin d'amour qu'il propose est aussi celui des grandes traditions spirituelles.

*« Qu'est-ce que la Loi d'origine ? La loi d'origine n'appartient pas à une seule personne. Nous venons tous du même principe de la Création. Et chaque culture est importante pour accomplir cette Loi. De nombreuses communautés indigènes de cette planète travaillent avec leurs ancêtres et beaucoup aussi travaillent avec les informations que leur donnent les plantes, les arbres, d'autres avec les animaux, pour d'autres cela va être avec le feu. Pour les Arhuacos, il n'y a pas un élément spécifique, ils travaillent avec le ressenti, quels que soient les éléments, avec la vie. La vie, c'est la joie ! La spiritualité, c'est la Joie. Si je fais quelque chose avec de la joie, j'apporte de l'harmonie dans ce que je fais. Je dois remercier la Vie ! Merci pour mon existence, nous faisons partie de la Terre. Il y a une Terre à l'intérieur de nous. Nous sommes une petite parcelle de la Terre.*

*Dieu nous envoie ici pour jouir de cette petite parcelle ! Pour cela nous devons prendre soin de nous. Quand on trouve notre vraie valeur, à l'intérieur de nous, nous sommes emplis d'amour, l'amour est la totalité, il n'y a pas de dimension à l'amour. Alors lorsque je remercie mon existence, c'est l'union avec l'âme qui est dans le temple sacré... On doit jouir de la vie, et la vie jouit aussi de notre présence.*

*Quand on arrive à s'installer dans cet Amour de la Vie, c'est le mental qui meurt. Alors que souvent, on lutte avec notre mental, alors qu'il faut simplement l'observer...*

*Le changement climatique n'est pas seulement le changement au niveau de l'environnement. Il faut regarder aussi les changements nécessaires au niveau de chaque humain : changements au niveau des relations dans la famille.*

*La souffrance des anciens, celle des anciennes peuvent participer au changement du climat actuel. Leur souffrance liée à leur isolement dégage un message qui, en nombre important, participe à provoquer ce changement et aussi les personnes en mauvaise santé ».*

Calixto nous avait confié qu'il avait été très heurté par l'isolement des anciens. En visitant des maisons de retraite en Europe, il y a quelques années, il y avait ressenti une très grande souffrance des personnes âgées. Mais il témoigne aussi que lors d'une visite plus récente, au cours de laquelle il a été invité à revisiter les établissements, il a pu constater des changements, grâce à un début de prise de conscience !

*« Il faut les écouter, car ils ont besoin de s'exprimer. Calixto dit qu'il aime bien voir les malades, pas comme le ferait un guérisseur, mais pour ressentir le message qu'ils ont à donner. C'est très important pour eux et pour nous !*
*En réalité, ils nous donnent le message que nous avons besoin d'entendre. La maladie survient quand nous n'avons pas été suffisamment authentiques avec nous-mêmes. Notre authenticité s'est bloquée et on alimente ce blocage avec des peurs. Cela va se transformer en une situation difficile. Tout cela fait partie du changement climatique. Il ne faut pas oublier les enfants qui ont faim, à certains endroits de la planète. Il ne faut pas oublier tout cela, il faut toujours offrir notre gratitude. C'est l'offrande de la Grâce divine !*

*On ne peut pas changer le monde, mais comment libérer tous ces messages qui veulent nous parvenir ? C'est un sujet important pour notre peuple. Nous faisons des exercices de remerciements, pour les animaux, les arbres, le vent, l'humanité. Il y a beaucoup de personnes sur la planète qui travaillent avec cette conscience d'amour. Il va y avoir des transformations ! Pour cela, il ne faut pas lutter, s'il y a des choses qui ne nous plaisent pas, mais aider, en faisant l'offrande de la reconnaissance.*

*Les enfants actuels sont plus éveillés, et les adultes ne peuvent plus leur dire des choses qui ne servent à rien. Ils souffrent de ce manque de vraie communication. Il faut les aider.*

*Lorsqu'on est seul devant un blocage important, la nature peut nous écouter, la plage, l'eau, un animal, il ne faut pas être triste. Tout est possible ! L'arbre peut nous écouter. Une montagne… Calixto dit que c'est ce qu'il faisait lorsqu'il était enfant. Il est reconnaissant envers sa culture, parce que, dans cette façon d'être, il prend soin de son mental : lorsqu'il n'y a personne pour nous écouter, l'arbre nous écoute et nous nettoie. Il ne faut pas poser de conditions !*

*Si on en pose, l'arbre ne s'ouvre pas. Il faut laisser faire ! Un arbre peut nous emmener comme en voyage, il va nous amener à l'intérieur de nous-mêmes, pour comprendre ce dont nous avons besoin, et ce que nous ressentons. Les arbres prennent soin de nous, ils nous reconnectent avec la nature de notre cœur. C'est le voyage de la vie. Les hommes politiques peuvent diriger des milliers de personnes, mais s'ils n'arrivent pas à s'occuper d'un enfant autiste, ils ne sont pas connectés à leur propre valeur intérieure ».*

Au beau milieu de cette conférence, il y a eu un signe évident que nous offrait Mère Nature. On était au mois de juin, et la porte de la salle de séminaire donnant sur le parc, était grande ouverte ! En pleine conférence, nous avons eu la grande surprise de recevoir la visite d'un renard qui s'est approché jusqu'au seuil de la porte. Il a jeté un long regard sur toute l'assemblée, comme s'il était venu nous donner sa bénédiction, à chacun ! Puis tranquillement, il est reparti, laissant tout le groupe très ému par cette illustration spontanée de ce que Calixto était en train de nous exposer.

Pour la petite information, il se trouve que ce renard, depuis quelque temps, montrait qu'il cherchait à se rapprocher des humains, venant manger dans l'assiette des chats, et même dans la main d'un enfant.

*Calixto avec Maitreyi Amma et des amies du Jardin de Safran*

# Chapitre 3
## Rencontre en Haute Provence, puis les années Covid !
### Séminaire en Juin 2019

En Juin 2019, un séminaire de quatre jours a eu lieu en Haute Provence, organisé par Calixto, en lien avec l'association DUNA qui accompagne les projets menés par les Arhuacos dans la Sierra. Ce séminaire, qui a réuni des amis de Calixto de plusieurs pays d'Europe, nous a permis d'approcher davantage les besoins du peuple Arhuaco : celui de réunifier leur territoire en récupérant les terres occupées par les colons et par les groupes armés qui infestaient la Sierra. Nous comprenions l'urgence pour ce peuple de pouvoir réinvestir certains lieux importants pour les rituels des Mamos. Calixto nous a parlé de leur souhait de récupérer un site sacré très important de la montagne, à la jonction de trois rivières. Ce site, qui était dédié au travail spirituel des Mamos pour la pacification des guerres, était malheureusement devenu le quartier général des groupes paramilitaires, au service des grands lobbies financiers ! Ces groupes aux exactions violentes semaient la terreur dans toute la région. Si nous nous mettions dans la pensée arhuaca, dans laquelle tout ce qui se passe dans la Sierra est témoin de ce qui se passe sur Terre, nous pouvons aisément comprendre l'importance qu'avait à leurs yeux la récupération de ce site, pour des rituels de pacification pour la planète entière.

La proximité avec Calixto nous permettait de visualiser la monstruosité des enjeux qui prévalaient au sein même de la Sierra et le risque réel que prenaient ce peuple et Calixto lui-même à être résolument engagés à répandre leur message de paix. Calixto nous confiait que lorsqu'il revenait d'une réunion en ville, sa propre Jeep avait fait l'objet d'un assaut et avait été criblée de balles. À cette époque, il nous a fait part de nombreux troubles survenus dans la Sierra, comme celui de l'incendie d'un village. Parmi tous les enjeux d'influence présents sur le territoire arhuaco, il y a les projets d'extractions minières, de barrages sur les cours d'eau, de sites balnéaires touristiques, privant les indigènes de l'accès aux plages. Et, bien que la constitution du pays prévoie une consultation des autorités indigènes pour tous les projets qui concernent leur territoire, le droit de ces peuples se trouve constamment bafoué et nous comprenions le péril qu'ils encouraient depuis des décennies, eux qui luttaient pacifiquement pour leur survie. Pour eux, leur montagne est comme un joyau de lumière, diffusant une présence divine sur Terre entretenue depuis des millénaires par les pratiques des Mamos. Il leur est essentiel que la Sierra soit à tout prix préservée et respectée pour le bienfait qu'elle offre à toute la planète.

Nous comprenions aussi notre responsabilité à alimenter une boucle d'échanges. En effet, nous sommes les représentants du monde occidental, qui a beaucoup investi dans le monde matériel, nous devions maintenant les aider à récupérer leurs terres ancestrales, dont ils ont été privés. À nous continuer à soutenir l'action de Calixto, qui grâce à ses allées et venues en Europe et à l'enthousiasme créé auprès de ses amis, avait contribué au rachat de mille hectares de terres. Sur les terres qui allaient être récupérées, quatre-vingt pour cent allaient être restituées à la vie sauvage, à la biodiversité. Après des années de déforestation intempestive, la Nature allait à nouveau manifester toutes les formes de vie qui se trouvaient présentes depuis toujours.

Voici les explications de Calixto lors d'une conférence qu'il a tenue au cours de ce séminaire ;

*« Notre angle de vue est de préserver la Terre, car elle est tellement importante pour nous, puisqu'elle est comme notre corps, ainsi l'on considère cette Terre comme sacrée. Les déesses féminines se tiennent là sur cette Terre ! Notre but est de garder le contact, en nous-mêmes. Nous luttons pour garder cette harmonie, pour l'offrir à toute l'humanité. Cela est notre offrande à la Terre, à la Vie, à l'Humanité, à la Nature… ».*

*« La culture des anciens Arhuacos considère que mon peuple est responsable de tout, de la Terre mais aussi des roches, des plantes, des animaux et du ciel, de l'eau, de tous les univers, c'est une grande responsabilité ».*

Au cours de ce séminaire, Rita, la présidente de l'association portugaise DUNA, nous a présenté le projet « Tierra de origen ». C'était un projet de récupération d'un secteur du territoire arhuaco : en plus de faire partie d'une région essentielle pour la biodiversité, la Sierra a été classée en 1979 comme réserve de la Biosphère par l'Unesco et depuis Novembre 2022, elle figure aussi au Patrimoine culturel immatériel de l'Humanité de l'Unesco.

La région susceptible d'être récupérée est capitale pour unifier et sauvegarder des couloirs écologiques morcelés et occupés tout au long des dernières décennies par des activités d'exploitation commerciale et industrielle qui ont endommagé les écosystèmes naturels de la région. Avec cette acquisition, cette zone se revitaliserait, et ainsi les écosystèmes seraient protégés d'une dégradation et de dommages définitifs.

Lors de ce séjour, qui regroupait des amis de Calixto de plusieurs pays, engagés dans un soutien à son peuple, Calixto a tenu à nous aider à sceller notre engagement à chacun dans la vérité de l'être intérieur. Et pour ce faire, quoi de plus convaincant que de nous confier de manière intime le témoignage de sa propre expérience, celle de son vécu initiatique lorsqu'il était enfant !

Nous savions que l'enfance de Calixto n'avait pas été facile, son père étant décédé accidentellement alors qu''il n'avait que trois mois et que, dans le désarroi, la maman qui avait la charge d'une famille déjà nombreuse a confié le bébé à une grand-mère. L'enfant a connu, dès son plus jeune âge, beaucoup de solitude avant d'être accompagné par les maîtres spirituels de son ethnie. Voici son témoignage ;

*« J'aimerais vous parler de moi enfant. Enfant j'entendais dire que Dieu a tout créé, alors aux anciens je posais toujours la même question, comment je peux connaître Dieu, et pourquoi est-ce que j'existe ? Je ne savais pas pourquoi j'existais et toutes ces questions étaient souffrances, je ne trouvais pas la réponse, je ne voyais pas Dieu… Je souffrais de cela, et plusieurs fois je n'avais plus envie d'exister. Je restais sans trouver de sens à cela. Et je crois que de nombreuses personnes ont ces mêmes interrogations…) Alors peu à peu, j'ai travaillé ma force de l'intérieur.*

*Village dans la montagne*

*Enfant, on m'enseignait les règles et une discipline de vie, et le fait d'élargir mon intérieur. En même temps, respecter les règles extérieures m'amenait à ma réponse : l'offrande à la Vie et à la Terre. Cette existence devenait précieuse par cette réponse, l'offrande. La Vie me permet tout cela, rendant mon existence précieuse, sacrée.*

*Tous nous avons cette force-là à l'intérieur de nous et notre réponse intime, commence donc en nous, à une petite échelle à l'intérieur, sentir que c'est petit et que tout commence là, que connaître Dieu c'est reconnaître notre vraie valeur, qui je suis, que cette valeur, c'est chercher au-dedans ma joie. Ma valeur, c'est ma joie intérieure ! En découvrant cela, je découvre la paix ! Et ma valeur, c'est la paix intérieure !*

*Donc cela commence en moi et beaucoup de choses extérieures seront alors possibles. Si je ne suis pas bien à l'intérieur, même si j'ai beaucoup de choses à l'extérieur, cela ne me contentera pas. De là j'ai commencé à comprendre qu'il y avait un lien entre les lieux sacrés à l'extérieur et ceux également sacrés à l'intérieur : ma parole, mes pensées, mes actions devenaient création, et tout mon être devenait responsable : qui je suis dans mes pensées, mes actions, ma parole. Je me sentais responsable à l'intérieur et à l'extérieur, conscient que mon être authentique avait de la valeur. Je peux exprimer ma vérité intérieure, ce que je ressens vraiment, sans avoir de gêne ou de honte, à l'extérieur.*

*Quelle aide vais-je avoir ? Pour exprimer cette vérité intérieure, et pour la vivre vraiment, c'est la Terre ! Les lieux sacrés sur la Terre sont en résonance avec nos lieux sacrés intérieurs. Suivant leurs messages et leur énergie, certains lieux sacrés correspondent à certaines personnes et pas à d'autres. De là j'ai commencé à chercher, chercher, jusqu'à trouver le lieu en harmonie avec mon être, j'ai voyagé pour cela et j'ai apprécié cette vie de voyage et de recherche de lieux sacrés, donc je ne voyageais pas seulement pour découvrir ce qui est beau, mais pour découvrir les offrandes extérieures du voyage, ma vie en était profondément changée à l'intérieur. La vie est un voyage.*
*Chaque moment est parfait, précis, qui demande de s'adapter, ma vie devient ces moments justes que je rencontre. C'est aussi la beauté de la vie. Je marche*

*ainsi dans un temps où le corps est limité en durée, où l'âme est éternelle et en prenant soin de mon âme, je prends soin du corps. En tenant compte de mes pensées, mon âme se réjouit, cette création de pensées vient dans ma vie et me rapproche de mon âme ; j'apprends ainsi qui je suis, j'observe mon esprit, la méditation m'aide dans cet état à reconnaître l'intérieur, depuis ma petite échelle, cet intérieur qui grandit chaque jour».*

Nous ne savions pas alors que dans les mois qui allaient suivre, toute l'humanité serait amenée à grandir, avec le confinement qui nous mettrait davantage face à nous-mêmes, nous invitant à développer notre capacité à retrouver notre vraie force dans le lien à notre âme.

*Calixto avec un Mamo Kogi*

# Les années Covid

Calixto nous a confié que les Mamos de la Sierra Nevada de Santa Marta avaient prédit cette crise mondiale bien avant qu'elle se profile.

*« Cela fait trois ans que plusieurs Mamos travaillent ensemble et ils étaient déjà au courant de la situation un peu compliquée qui arrivait pour la Terre, une situation forte en tous cas, donc ils ont commencé à analyser toutes ces choses-là de manière à obtenir un bon résultat ».*

Une nouvelle tournée de Calixto en Europe avait été programmée pour le mois d'avril 2020. Et tous les rendez-vous successifs qui auraient dû avoir lieu, avaient déjà été calés.
Mais, ce qui n'était pas prévu au programme, c'était l'arrivée de la pandémie qui a sonné l'heure du premier confinement général, à la mi-mars. Le voyage prévu a bien sûr été annulé, mais pas la présence de Calixto qui nous a offert de beaux moments d'échanges par visio-conférence !
Voici donc des extraits de la première visio-conférence, une semaine après le début du confinement.

**Question : « On observe des changements perceptibles dans la nature (renouveau, épanouissement) durant toute la période actuelle. Est-ce exact ? »**

*Calixto ; « La Terre-mère ne s'est pas arrêtée, elle est toujours en interaction avec les humains !*
*Elle est en mouvement silencieux, c'est un mouvement de réflexion : elle se pose des questions à propos de ses enfants de la Terre.*
*Parmi eux, quels enfants s'aiment le plus les uns les autres ?*
*Aimer, c'est être dans l'acceptation des différences dans les façons de penser, d'agir. La Terre est en phase de réflexion ! C'est une danse, et nous écoutons tranquilles dans notre cœur. Nous avons cessé de faire du bruit.*
*Quand la Terre Mère est un peu énervée ou malade, elle a besoin que l'on soit en silence, que l'on reste tranquille, alors, on se tait un peu ! »*

**Question : « Est-ce qu'il te semble qu'il y a un changement profond qui est en train de se passer ? »**

*Calixto ; « Oui ! Un changement dans l'être humain ! Si l'être humain écoute le son de la Terre et l'accepte, en étant en harmonie avec elle, il peut y avoir des changements ! »*

Des personnes se sont ensuite exprimées sur ce qu'elles vivaient en cette période.

*Calixto ; « Si les événements nous affectent, il faut se mettre en réflexion. L'énergie qui se manifeste actuellement et qui nous touche à l'intérieur et à l'extérieur existe depuis 126 000 ans ! C'est ce que je ressens !*
*Le monde humain actuel ne devrait pas s'affronter à cette énergie ! »*

Calixto propose alors une méditation pour remercier cette énergie, et remercier l'être infini qui est en nous.

*« Nous vivons un moment spécial, qui est bon pour tout le monde !*
*Quand une maman accouche, il y a de la douleur, puis de la Joie ! »*

Il nous dit également que, depuis décembre, il a dédié cent pour cent de son temps à un travail d'harmonisation pour les enfants et pour la Terre.

*« Un dernier conseil, deux points sur lesquels se focaliser : Servir et être servi. Accueillir ce que la vie nous offre ! »*

Quelques mois plus tard, Calixto nous a expliqué davantage le travail que la Nature attendait de ses enfants lors de cette pandémie, avec cette deuxième visio-conférence du 10 septembre 2020.

*Calixto ; « C'est la vie qui est ainsi faite : la nature de l'être humain est variable et à la fois, c'est ce qui fait toute sa beauté. Mais parfois pour trouver un équilibre, ça peut sembler un peu plus compliqué. Compliqué ne veut pas dire impossible, on peut juste apprendre, accepter d'apprendre. Pour moi, c'est comme un jeu qui m'amène sur le chemin de la compréhension de la vie. La vie, les joies et l'amour, énormément d'amour et beaucoup de sourires, vraiment vraiment j'insiste sur le fait de sourire.*
*Quelle que soit la vibration qui nous entoure, il est conseillé de répondre toujours dans la joie, avec de la joie. Et la réponse obtenue de la joie est immédiate. C'est pour cela que l'être humain a une importance primordiale dans*

la Terre, il est un être sacré, pour la Terre aussi. J'essaie d'expliquer que tout être humain, quelle que soit la personne, a une grande valeur, d'où qu'il vienne, quel qu'il soit. Mais souvent l'être humain ne fait pas attention à cette valeur humaine que nous représentons tous et on la met de côté. Elle dort cette valeur, quelque part elle est gardée, elle s'endort. Alors si vous voulez trouver cette valeur, il faut apprendre à s'écouter soi-même à l'intérieur.

Et lorsque l'on est dans une situation compliquée, on doit essayer vraiment de parler avec cette force intérieure de manière à voir comment et pourquoi elle se comporte et comment on peut la développer ou faire autrement. On ne parle pas de guérison mais de compréhension vis-à-vis du corps humain, ça s'appelle le gouvernement intérieur. Comment le corps est gouverné à l'intérieur de nous, c'est cela la question à nous poser : qu'est ce qui nous gouverne réellement ?

Et une fois qu'on a compris quel est notre gouverneur interne, à ce moment-là on peut déployer cette force et l'offrir et la répandre autour de nous. Et c'est de cette manière-là que la nature humaine se révèle complètement.

La façon de comprendre l'être humain est un pont pour comprendre la Nature, parce qu'ils sont parallèles, ils sont ensemble. Il n'y a aucune séparation entre la Nature et l'être humain, c'est une union.

*Assemblée dans la montagne*

*Comme le corps physique et la lumière de l'esprit qui se rejoignent à l'intérieur d'un corps, de la même manière, il y a le parallèle entre nous et la Terre pour pouvoir vraiment prendre soin d'elle. C'est la force intérieure qui est à l'intérieur de nous et que nous ne voyons pas. Nous sommes l'Esprit de la Terre, et c'est pour cela que nous pouvons la soigner, la guérir comme des enfants aimants et vice versa. Et cela est beau, c'est la joie et l'amour !*
*Nous sommes les co-créateurs de l'énergie de la Terre et de nos vies».*

**Question : « Serait il possible de savoir ce qui s'est passé lors de la dernière réunion du mois d'août dans la Sierra, comment se sont passés les échanges, les questions et les conclusions ? »**

*Calixto ; « C'est un peu complexe à expliquer.*
*Nous nous sommes réunis à trois reprises, juin, juillet et août, dans de très grandes assemblées. Il a fallu harmoniser avec les personnes qui s'occupent de tout ce qui est économique et administratif mais je suis plutôt content parce que nous sommes arrivés à obtenir une certaine harmonie.*
*Au mois d'août pendant 25 jours, nous étions 850 personnes ensemble. Il y avait un groupe d'opposants peu nombreux comprenant des intellectuels, avocats et compagnie, mais nous, nous avons continué à tenir notre assemblée et à ne parler que de la vie, de l'amour et de l'harmonie. C'est la première fois dans l'histoire de notre peuple, qu'il y a un différend au niveau des bases de la culture indigène, des compréhensions qu'il a fallu rétablir. Donc nous avons décidé de nous rejoindre et de travailler profondément pour la Terre».*

**Question : « Quelle est votre manière de partager la parole dans votre peuple ? »**

*Calixto ; « Tout le monde a le droit de participer, absolument tout le monde a un droit de parole, d'expression.*
*Pour revenir à la réunion, nous avons dû analyser tous ensemble le sens du mot «pandémie». Pour nous la pandémie est en relation avec le mental.*
*Nous avons alors tous ensemble fait un travail de ré-harmonisation de la planète. Oui, la pandémie est en relation avec le mental.*
*Alors observez vos pensées et les pensées des autres, il nous faut faire très at-*

tention à la manière que l'on a de penser à cette pandémie.

Il s'agit aussi, lorsqu'on entend des pensées qui ne sont pas les nôtres, de ne pas les réfuter mais les prendre, les garder, les mettre de côté pour pouvoir les transformer ! Je parle des pensées au niveau de la pandémie, il faut les transformer, afin que ces pensées ne deviennent pas notre pandémie.

Mon travail avec mon groupe, c'est de transformer la pensée, avoir cette force, cette puissance dans la pensée, de pouvoir englober tout dans un cercle d'harmonie, non seulement pour soi, mais vraiment pour tout et tout le monde, afin que cette pensée de bien-être devienne globale.

Il faut faire très attention à la manière de penser parce que la pensée est quelque chose d'extrêmement puissant et créateur ! Et voilà !

Chaque personne a la puissance à l'intérieur de soi de maîtriser sa pensée. C'est tout ce travail que nous avons fait pendant ce temps-là avec le peuple Arhuaco. Et même les petits enfants de ce peuple travaillent pour cela.

Il y a de la sagesse dans tous les peuples, qu'ils soient noirs, blancs, jaunes, même chez l'enfant, quelle que soit la condition physique ou mentale de la personne.

Donc il s'agit de vraiment maîtriser notre pensée et en même temps, c'est cette voie de sagesse qui va faire que nous allons trouver toutes ces réponses à l'intérieur de nous. C'est cela l'essentiel, Il faut à tout prix récupérer notre force de pensée et de créativité parce que nous sommes extrêmement forts et cette pensée va au-delà de la Terre. J'insiste sur cette force à récupérer.

Recréer ce dialogue confiant avec soi-même, avec notre famille et au-delà de nous, c'est cette confiance-là dont nous avons tous besoin pour changer le monde dans lequel nous vivons. C'est cela l'important. On a l'habitude d'avoir confiance dans nos parents ou dans nos proches.

En fait il s'agit d'avoir confiance en soi pour récupérer ce rayonnement qui fait que nous pouvons rayonner la confiance et transformer.

Parce que la confiance va de pair avec la Nature et la Nature, elle a confiance tout le temps. La confiance est essentielle : de même que l'eau sait pertinemment qu'elle est l'eau, la Terre sait qu'elle est la Terre, l'arbre sait qu'il est

un arbre, de cette même manière l'être humain doit avoir confiance en lui et être ce pourquoi il est venu. C'est cela qui est fondamental. On peut toujours chercher un point d'appui ailleurs mais le point fondamental pour mon peuple et moi-même, c'est d'avoir une très grande confiance en nous.
Toute la réunion a été basée sur le fait d'être bienveillants, au niveau des sentiments, des valeurs et des pensées que chaque être humain pouvait exprimer, car nous sommes responsables de cela et c'est surtout sur cette responsabilité-là, que cette réunion a été posée. Je parle de manière globale en intégrant toute l'humanité parce que pour moi l'être humain est une seule et même racine qui part du niveau terrestre et qui doit servir, qui se doit de servir la Terre.
Donc l'important est de regrouper tout le monde dans une pensée d'harmonie au niveau de la Terre pour vraiment la servir.
Voilà de quoi nous avons discuté ».

**Question : « L'humanité est elle actuellement engagée dans un grand rite de passage, est-ce cela ? »**

*Calixto ; « Oui je pense réellement qu'on est en train de muter et cette mutation je la souhaite vraiment ! Que nous soyons des êtres beaucoup plus simples et plus humbles, pour devenir des êtres authentiques.*

*J'ai toujours un grand plaisir à être présent parmi vous, je ne connais pas tout le monde mais je considère tout le monde comme des amis et j'aime avoir des amis, amis du visible et de l'invisible.*

*L'Univers bénit chaque personne, il nous tient la main. Nous sommes là sur la Terre et nous allons continuer à y être toujours. La vie ne va pas s'arrêter maintenant, elle va continuer et cela est la responsabilité de tout le monde.*

*Je demande que chacun réserve quelques minutes pour remercier à l'intérieur de soi, c'est cela ma demande, remercier la Terre et la vie et se remercier soi-même.*

*C'est la plus grande protection que nous puissions créer. Vraiment avoir une très grande gratitude pour nos corps et pour nos âmes. Et comme des sages que nous sommes, nous sommes écoutés et nous sommes entendus ».*

# Chapitre 4
## Les évènements qui ont marqué la Sierra
## (années 2020 à 2022)
### Pendant les années Covid…le vécu des peuples de la Sierra

Les années 2020 et 2021 ont été marquées par des événements historiques pour les Arhuacos. Par les messages que nous recevions régulièrement de Calixto, nous avons pu suivre tout le cheminement des peuples de la Sierra, leur évolution et leurs prises de conscience, leur lutte pacifique pour défendre leurs droits.

Déjà en août 2020, devant l'ampleur de la crise mondiale, un grand rassemblement avait eu lieu dans la montagne, regroupant pour plusieurs semaines, près d'un millier d'Arhuacos. Comme Calixto nous en a témoigné, le but en était d'offrir un grand soin éthérique à la Terre, par la méditation et l'union des pensées positives de toute l'assemblée.
Ce rassemblement a duré plus de trois semaines, jours et nuits, car pour les Arhuacos, les réunions ne se terminent que lorsqu'il y a un consensus des Mamos pour dire que le travail spirituel engagé a été accompli. Calixto nous a raconté qu'il leur avait aussi fallu improviser une logistique spéciale pour l'approvisionnement en nourriture de toute l'assemblée, ce qui n'avait pas été vraiment prévu, et il nous a confié qu'il avait eu faim !

Aussi pour les rassemblements suivants, il a lui-même participé à organiser l'acheminement sur place de monceaux de bananes et toutes sortes d'autres aliments de la Sierra. Ces grandes assemblées qui se sont succédé, ont amené une réflexion profonde sur les causes de la dysharmonie sur Terre, et aussi celle qui était apparue conjointement dans le microcosme de la Sierra, ce qui leur a permis une profonde remise en question de leur fonctionnement interne. En analysant tous les événements qui avaient eu lieu pendant les dernières décennies dans la Sierra, ils ont ressenti la nécessité impérative de retrouver une vraie union des quatre ethnies de la Sierra, si essentielle pour qu'ils puissent accomplir leur mission pour la Terre.
Leur unité s'était trouvée distendue, suite à l'histoire récente de cette région et toutes les incursions extérieures que ces peuples avaient subies.

Ils ont repris leur tradition de grands rassemblements unitaires qui génèrent une force importante, par le fait que les consciences soient alors unies dans le lien filial et sacré à la Terre-Mère, ceci pour une même cause !

*Acheminement de nourriture*

*Calixto ; «Depuis 2019 jusqu'à maintenant, nous avons transformé quelque chose au sein de notre communauté. Nous pensions que tout était bien mais ça ne l'était pas vraiment. Lors de la pandémie, nous avons été poussés à nous transformer. Nous avons appris beaucoup. Les quatre peuples de la Sierra se sont unis. Ce qui est encore plus important, c'est que les femmes des quatre cultures se sont unies ainsi que les chefs spirituels. Tout cela a été essentiel. Cette union avait été négligée depuis les soixante années précédentes. Une division entre nous avait créé une grande faiblesse. Nous avons pu accomplir cette union ces dernières années.*

*Nous croyons que nous sommes responsables de prendre soin de la Terre, il fallait s'unir et cela n'a pas été facile. Dans l'histoire de notre peuple, de nombreux événements avaient eu lieu et représentaient des obstacles pour recréer l'union qui existait auparavant».*

Dans les conférences qui ont suivi en 2022, Calixto nous a fait un rappel historique des faits douloureux qui avaient marqué les dernières décennies, et des luttes pacifiques que ce peuple avait dû mener alors, pour retrouver sa légitimité de peuple autochtone.

*«Il y a eu l'histoire de la mission des moines capucins. Pendant une longue période jusqu'en 1982, ces capucins sont restés dans la Sierra et ont enseigné le modèle catholique : les prières, etc., et aussi l'alcool... Il y avait peut-être quelque chose de bon là-dedans... ? »*

Ces moines capucins s'étaient alors installés dans le bourg principal de Nabusimaké, la « capitale » du territoire arhuaco. Ils s'étaient farouchement attaqués aux traditions ancestrales des Arhuacos, qu'ils taxaient de « paganisme », pour tenter d'imposer la religion catholique, en mettant en péril la culture authentique de ce peuple. Ainsi, ils ont commis des exactions odieuses, celle d'enlever les enfants à leurs familles pour les faire éduquer dans des familles citadines bien-pensantes à Bogota, celle aussi d'infliger des tortures à ceux qui ne se soumettaient pas, bref, de réelles années de terreur pour ce peuple et de mise à l'épreuve de leur grande mission. Laissons Calixto continuer la narration ;

*«Un dirigeant a uni les 4 peuples à ce moment-là et grâce à cela les moines capucins ont pu être écartés définitivement de la Sierra, en 1984.*

*Mais, en 1990, après 6 années d'avancée avec la présence de bons dirigeants, le gouvernement colombien a assassiné les 3 dirigeants Arhuacos qui avaient promu cette voie de l'union des 4 peuples et la direction du peuple Arhuaco s'est trouvée très affaiblie, depuis lors et jusqu'à 2020. Les gouverneurs politiques indigènes qui ont suivi se sont laissés corrompre par le gouvernement colombien.*

*En 2020, tous les dirigeants et aussi les guides spirituels du peuple Arhuaco se sont réunis et les femmes aussi. Ils ont changé tous les anciens chefs politiques indigènes corrompus, complices avec le gouvernement.*

*Nous sommes des êtres humains de la Terre : de nombreux facteurs avaient fait que nous nous étions désunis. Depuis 40 ans, il y avait eu des dirigeants d'accord avec le gouvernement, pour des intérêts personnels, et dans la désunion. Lors de grandes réunions, ces anciens dirigeants alliés avec le gouvernement se sont mis contre le peuple.*

*Maintenant, nous avons dépassé cela. Le dirigeant actuel est le fils de celui qui a été tué en 1990. Et le rôle des femmes est de protéger le processus que nous sommes en train de réaliser. Cela a été un peu désagréable mais le travail a été accompli. Ces chefs politiques bien qu'étant Arhuacos, s'étaient laissés contaminer. C'était des dirigeants politiques et aussi avec eux quelques chefs spirituels...*

*Le travail de réunification de ces deux années a été quelque chose de très fort. Et c'est le résultat de la célèbre pandémie ! C'est ainsi que nous avons fait un travail fondateur important dans la Sierra Nevada. Je peux maintenant parler en tant que représentant des 4 peuples, car nous faisons le chemin ensemble, pour faire le chemin avec vous aussi, tous ensemble ! »*

Calixto nous explique aussi que, grâce à la prise de conscience qui a eu lieu lors des rassemblements, les femmes ont été amenées à réinvestir leur place dans la vie publique et à participer activement aux rassemblements.

*« Après toutes les histoires que nous avions vécues, les femmes n'occupaient plus leur rôle, certaines le faisaient mais à une petite échelle. En 2020 il s'est créé un espace pour toutes les femmes, parce que le représentant de notre peuple a ouvert cet espace et maintenant les femmes leaders se réunissent dans chaque*

*peuple. Le sujet de leur dialogue est de s'occuper de la vie sur Terre, depuis la Sierra Nevada. Les femmes qu'on appelle « Atis » sont des initiées Mamos au féminin, elles jouent le même rôle dans les 4 peuples. Certaines sont âgées, et il leur faut beaucoup marcher pour se rencontrer, mais elles se rencontrent quand même. Pour aller d'un peuple à l'autre dans la montagne, c'est des jours et parfois des semaines de marche et comme le ressenti qu'elles ont de leur rôle est très important, elles le font.*

*C'est le rôle qu'elles jouent maintenant dans la Sierra et les hommes les soutiennent. Avant, dans notre peuple Arhuaco, quand on se réunissait, on était 200 personnes et maintenant dans une réunion nous sommes de cinq à dix mille, c'est quelque chose.*

*Et ça, c'est la voix du féminin, la voix masculine aussi.*

*En conséquence de ce qui précède, nous vivons un tournant au cours duquel notre Terre-Mère tombe malade à cause de l'exploitation des minéraux, avec de multiples effets qui s'expriment aujourd'hui : Phénomènes naturels, crise climatique, et la pandémie (actuelle) du Covid.... ».*

*Une des nombreuses assemblées du peuple Arhuaco*

À cette période-là, de grandes actions politiques ont été menées, dont nous retraçons ici les grandes étapes : en septembre 2020, ils ont souhaité mettre fin à la domination des gouverneurs corrompus qui s'étaient alliés à l'État, pour favoriser, pots de vin à l'appui, les ingérences de multinationales, sur les terres arhuacas. Les anciens et les Mamos des quatre centres régionaux du territoire arhuaco se sont réunis.

S'appuyant sur la juridiction traditionnelle de leur peuple, ils ont élu de manière traditionnelle et spirituelle un nouveau gouverneur, le fils du gouverneur assassiné en 1990.

Bien sûr cette élection n'était pas reconnue du gouvernement colombien de l'époque, et l'intégrité du territoire se trouvait sérieusement menacée, ainsi que l'existence même de ce peuple dont les droits, bien que reconnus par la constitution du pays, n'étaient pas respectés !
Une lutte pacifique était engagée. Voici les extraits d'un communiqué (en janvier 2021) pour l'opinion publique, des Mamos, anciens, autorités locales, représentants et représentantes du peuple indigène Arhuaco :

**Le Ministère de l'Intérieur a enfreint l'unité du système de Gouvernement Autonome du Peuple Arhuaco et l'intégrité du Territoire Ancestral Indigène.**
*Nous envoyons un salut fraternel à chaque foyer, nous vous souhaitons une bonne santé et prospérité au cœur de cette pandémie que nous affrontons. Nous nous adressons à la communauté nationale et internationale, à nos frères et sœurs des peuples indigènes de Colombie et du monde et à l'opinion publique en général car les droits de l'homme du Peuple Indigène Arhuaco ont été violés, et selon l'ordonnance 004 de 2009 de la Cour Constitutionnelle, ce peuple se trouve en grave danger d'extinction et extermination physique et culturelle.....*
*Le peuple Arhuaco, représenté par les quatre importantes Kankurwas, par l'Assemblée Générale, la Direction Générale et ses Autorités, est profondément préoccupé :*
*- par la menace dont font l'objet nos droits à l'autonomie, le gouvernement autonome, la libre détermination, le territoire et le développement intégral de ses communautés ;*
*- par l'absence de respect envers nos Mamos et guides spirituels ;*

*- par l'offensive contre les institutions de notre Organisation politique et administrative ;
- et par le risque de perdre ce que nous avons construit collectivement.
Comme nous l'avons dénoncé, la position du Ministère de l'Intérieur et du Gouvernement national favorise de façon systématique la division de l'unité spirituelle, territoriale, culturelle et politique des Territoires Indigènes et la destruction des acquis, lesquels après des siècles de lutte pour la reconnaissance politique, ont été acquis par les Peuples Indigènes dans le plus grand consensus social et pluraliste de Colombie.
Nous mettons en évidence que cette situation enfreint la lutte historique et pacifique sans précédent que le peuple Arhuaco a engagée, au cœur d'une crise de civilisation que nous affrontons, pour la sauvegarde de nos droits à la libre autodétermination interne et à la défense de nos droits territoriaux, qui ne se fondent pas sur les titres ou sur les largesses de l'État, mais au contraire sur les propriétés et les terres ancestrales.
Nous exigeons de l'État colombien qu'il respecte la Loi d'Origine, la Mère Terre, le Système de Connaissance et le Gouvernement Indigène dont dépendent le futur de la biosphère, celui de notre foyer et de la planète.(...)*

On peut voir que dans toute déclaration publique ou politique, les Arhuacos font toujours référence à la légitimité spirituelle de leur peuple, à leur mission sacrée en respect de la Loi d'Origine, et pour le bien de l'humanité. Cette affirmation constante est assez unique, et sans doute exceptionnelle dans les annales des prises de position politique de tous les peuples de la planète !
Les femmes réunies ont également pris le parti de soutenir le nouveau gouvernement, qui avait la légitimité des Mamos et de toute la communauté arhuaca.
En décembre 2021, Il y a eu de grands rassemblements de plusieurs milliers de femmes au cœur de la grande ville de Valledupar, chef-lieu de l'état du César, pour dénoncer la corruption des anciens gouvernants arhuacos qui s'accrochaient toujours au pouvoir, malgré l'élection du nouveau dirigeant et la désapprobation de l'ensemble du peuple. C'était un événement historique car beaucoup de femmes de la montagne n'étaient jusqu'alors jamais allées en ville.

Le 03 décembre 2021, les femmes des 4 tribus adressaient cette déclaration : «Pour la défense de la juridiction indigène spéciale aux droits collectifs des communautés, à leur autonomie».

Extraits ; *« Elles déclarent solennellement ;*
*Que les femmes indigènes ont mené une lutte sincère pour la reconnaissance des droits de leur peuple au nom de leur identité de femmes porteuses de la vie.*
*Que la Sierra Nevada est notre maison, que nos pères et mères nous ont laissé la mission de soigner et de protéger.*
*Que la Terre est notre Mère, et que, conformément à la Loi d'Origine, nous sommes intrinsèquement reliés à elle, de sorte que chacune des affections dont elle souffre se trouve également dans nos âmes et nos corps.*
*Que nous veillons à l'harmonie des cycles de la Nature, de la communauté et de la famille.*
*Que notre Mère a été saccagée au nom d'un modèle capitaliste qui dévaste les peuples.*
*Que, en conséquence de ce qui précède, nous vivons un tournant au cours duquel notre Terre-Mère tombe malade à cause de l'exploitation des minéraux, avec de multiples effets qui s'expriment aujourd'hui : phénomènes naturels, crise climatique et la pandémie (actuelle) du Covid.*
*Que les femmes dirigent les processus de défense et de protection de nos territoires et de nos peuples, car depuis l'antiquité, elles ont une relation directe avec la Nature, et jouent un rôle de premier plan dans l'épanouissement et la durabilité de nos communautés, et leur relation avec les écosystèmes, la biodiversité et l'équilibre naturel, face aux puissances patriarcales qui ne cherchent qu'à détruire.*
*Nous promulguons une lutte politique et spirituelle contre l'écocide, en tant que gardiennes de nos communautés, peuples et territoires».*

En décembre 2021 également, ce qui ne s'était jamais vu auparavant, ce sont les Mamos qui, pour défendre les droits de leur peuple, sont allés à Bogota, assister à une audience devant la Cour Constitutionnelle du pays. Ils avaient le soutien massif du peuple rassemblé, au même moment à Nabusimake, dans la Sierra. La violation des droits par les autorités de l'État a été officiellement reconnue par la Haute Cour, car il y avait

eu absence, à maintes reprises, de consultation des peuples de la Sierra, pour des projets développés sur le territoire Arhuaco (projets d'ampleur : barrage, extraction minière, projet touristique en bordure de la mer des Caraïbes). Mais ladite Cour s'est déclarée incompétente pour fixer des règles et décrets qu'il y avait lieu de formuler.
Cela revenait aux instances gouvernementales. Cette déclaration repoussait à une date indéterminée l'application de toute règle.
À leur retour à Nabusimake, le peuple Arhuaco réuni a acclamé avec joie la délégation qui était allée plaider devant la Cour Constitutionnelle, le respect de ses droits fondamentaux. Ils ont aussi adressé à l'État colombien, une demande officielle de dialogue interculturel et inter-juridictionnel, « pour sauver et garder l'intégrité du cœur du Monde ».
En mai 2022, devant l'obstination des anciens dirigeants qui perdurait, les Arhuacos ont convoqué la grande Assemblée Générale exceptionnelle de tout leur peuple qui a réuni huit mille Arhuacos, dans une communauté des contreforts de la Sierra. Les représentants des différents villages y sont venus de manière libre et déterminée. Les Arhuacos y ont également invité des personnalités politiques locales et nationales.

Cette Assemblée, qui devait durer plusieurs jours, a été préparée dans un grand élan de vie et avec l'enthousiasme joyeux de tout un peuple. Elle a nécessité une solide organisation collective impliquant toutes les communautés, avec notamment la construction d'abris pour la nuit, l'acheminement de nourriture ou l'organisation de déplacements collectifs pour ceux qui venaient du fin fond du territoire arhuaco, à des journées de marche du lieu de rendez-vous.

*Dirigeants au sein de la communauté Arhuaca*

L'assemblée Générale s'est tenue du 10 au 12 Mai 2022. L'objectif était de légitimer, aux yeux du Gouvernement colombien, la nouvelle équipe dirigeante du peuple Arhuaco, dont l'élection allait être ratifiée par tout un peuple. Les petites vidéos qui nous étaient envoyées nous montraient la joie débordante de tout ce peuple à valider les choix des gouvernants, dans une affirmation pacifique et respectueuse de la Loi colombienne, ceci face à l'obstination des anciens dirigeants pervertis. Ensuite, il a fallu faire approuver cette décision par le gouvernement et tout n'était pas encore joué !

L'Assemblée Générale s'est déroulée dans une ambiance totale de paix.

En août 2022, le gouvernement national a changé en Colombie avec l'élection d'un nouveau président qui se proclamait plus respectueux des droits des communautés autochtones. Saura-t-il s'affirmer face à toutes les pressions des lobbies nombreux qui s'opposent à l'intégrité des territoires des peuples premiers ?

Telle était la situation générale en octobre 2022 dans la Sierra.

*Allers et venues dans la Sierra*

# Chapitre 5
## La tournée en France en octobre 2022

Pendant l'épisode du Covid, Calixto nous avait dit que la Terre-Mère avait besoin de se reposer. Dans cette phase de repos, elle demandait à ses enfants plus jeunes, nous, les peuples occidentaux, de se calmer.

Au sortir de la crise du Covid, Calixto a souhaité revenir en France, pour «prendre le pouls» de ce que vivait l'humanité, et pour intégrer ce qu'il pouvait constater et ressentir, à travers les rencontres qui allaient se présenter à lui. Bien sûr, ce témoignage sera important ensuite, pour le travail spirituel de tout son peuple. Dès son retour, il ira, bien souvent à dos de mule, rencontrer chaque groupe de Mamos, dans les villages éloignés les uns des autres, sur les hauteurs de la Sierra.

Là, il partagera longuement et avec précision ses ressentis, répondra à leurs questions et écoutera leurs commentaires.

*« J'ai voyagé de nombreuses années et rencontré beaucoup de peuples, depuis 1999. Au début, je ne parlais pas espagnol, mais j'avais une autre façon de communiquer, non seulement au niveau humain, mais aussi en ressentant les lieux où j'allais ! En Europe, en Amérique du Nord, en Afrique, en Asie. J'ai fait cela pour sentir ce qui se passait sur Terre et comment va l'humain, un peu partout ».*

Comme il nous l'a révélé, il va pouvoir exprimer, auprès des Mamos, les pensées qui l'ont traversé au cours de son voyage. Ainsi participer à un travail de soin de la planète !

Dans le message qui suit, on voit comment les Mamos agissent dans le subtil, pour soigner le monde !

*« Ce qui est beau dans notre culture, c'est que nous observons sans cesse nos pensées : l'harmonie et le manque d'harmonie.*
*Par exemple, quelqu'un a fait un long voyage à travers le monde ; quand il revient chez lui, nous collectons toutes les pensées négatives qu'il a pu avoir durant son voyage, nous les récupérons comme avec un aimant. Il faut ensuite transformer toutes ces pensées néfastes qui se sont disséminées au cours du voyage, et ne pas les laisser contaminer d'autres personnes. Je trouve cela très beau ». (Interview Barcelone décembre 2023)*

Calixto avait prévu cette nouvelle tournée en France et en Espagne, en octobre-novembre 2022. Et cette fois-ci, il est venu accompagné de Mamo Adolfo, un sage arhuaco qu'il a présenté comme son maître. C'était la première fois que Mamo Adolfo venait en Europe. Il ne parlait pas l'espagnol et s'exprimait dans sa langue natale. Ses paroles étaient traduites par Calixto et c'était extrêmement touchant de ressentir la profondeur et la pureté de réflexions d'un être qui découvrait le Monde Occidental, et qui nous parlait avec beaucoup de dignité, de respect et d'amour.

Après ces années de silence, la tournée était inscrite, en tous points, dans la joie d'une renaissance, dans l'atmosphère heureuse de retrouvailles avec Mère Nature, dans la confirmation intime de notre lien sacré à la Terre. Et la présence de Mamo Adolfo venait authentifier que Calixto ne venait pas en tant qu'individu isolé, mais qu'il était bien le porte-parole désigné par quatre peuples de la Sierra et véhicule de leur message précieux pour nous, les petits frères occidentaux. Lors du départ de Colombie, ils devaient franchir un dernier obstacle imprévu, vestige de la pandémie. Et oui, à l'arrivée à l'aéroport de Valledupar, la ville la plus proche de chez eux, il leur manquait le fameux certificat de vaccination, pour monter dans l'avion. Alors il leur a fallu retourner en catastrophe dans la Sierra pour se mettre en règle, et ensuite prendre l'avion suivant. Changement de billets en urgence, recherche de la bonne correspondance pour Saint-Sébastien, à l'aéroport de Madrid et finalement, arrivée à Capbreton, dans les Landes juste cinq minutes avant l'heure du début de la rencontre prévue !

Malgré la fatigue et le manque de sommeil, Calixto et Adolfo ont su, de main de maître, assurer leur conférence sur le respect du milieu marin. Ils étaient invités par l'association Cetasea, une association locale qui se préoccupe, avec beaucoup de cœur, de la protection des mammifères marins.

Voici un extrait de la conférence qu'ils ont donnée ce jour-là, sur la connexion entre les peuples autochtones et les océans !

*« Tout est connecté. La mer, la Terre, le ciel et les êtres vivants forment un tout harmonieux. Lorsque l'un de ces éléments est en déséquilibre, c'est l'ensemble du monde qui souffre. Les dauphins, les baleines et tous les mammifères marins ne sont pas seulement des habitants de l'océan, ils en sont les gardiens. Ils participent à la régulation des écosystèmes, à la circulation des nutriments*

et à la santé des océans. Leur disparition mettrait en danger non seulement les océans, mais aussi notre survie à nous, sur Terre. Chaque animal a une âme et une mission. Protéger ces mammifères, c'est honorer leur rôle dans la création. L'exploitation excessive des océans brise cet équilibre. Nous devons comprendre que lorsque nous prenons sans donner en retour, nous créons un déséquilibre qui revient toujours, sous forme de catastrophes climatiques ou de souffrances humaines.

Les peuples autochtones, comme les Arhuacos, ont beaucoup à apprendre des sciences modernes. Mais les scientifiques peuvent aussi apprendre de nos traditions, de notre manière de vivre en harmonie avec la nature. Ensemble, nous pouvons protéger ces mammifères marins et les océans. Un jour, j'ai pensé qu'il fallait soutenir Cetasea. La cause en est juste. L'humanité peut retrouver son lien sacré avec les océans. Ce travail, ici en Europe, résonne jusqu'en Amazonie, dans nos rivières et nos montagnes sacrées. Nous sommes tous liés. Il faut penser aux mammifères marins non pas comme des créatures éloignées, mais comme des membres de notre grande famille terrestre. En protégeant leurs droits, nous protégeons les nôtres. Continuons à marcher ensemble, pour la Terre et pour la mer».

Voici aussi la réponse de Mère Nature avec cette étonnante photo du coucher de soleil sur l'océan ce soir-là !

# La région de Cahors
## Visite au Jardin de Safran

Après cette première visite à Capbreton, un peu écourtée, vu les circonstances de l'arrivée, leur chemin allait passer par le Centre spirituel du Jardin de Safran, pour un séjour au cours duquel ils ont animé conférence publique et atelier.

Nous relevons ici les paroles de Mamo Adolfo, pleines de bienveillance et d'émerveillement : arrivé quelques jours plus tôt sur le sol européen, il avait été très touché par la qualité des échanges, qui avaient eu lieu avec la communauté de ce centre. Aussi les premiers mots de la conférence étaient les suivants, Mamo Adolfo parle en langue arhuaca, il est traduit par Calixto en Espagnol ;

*« Merci de me considérer comme votre frère, merci de votre présence comme père, comme mère. Avant j'écoutais les mots des êtres de la Terre, mais c'est la première fois que je suis avec vous et que j'écoute ces mots qui me paraissent des mots de guérison, au niveau des vibrations et au niveau énergétique. C'est important que nous soyons tous dans ce lieu pour que ces « médecines » constituées par notre vibration alimentent nos âmes.*
*Pour cela, je remercie chacun d'être venu aujourd'hui. Merci ! »*

Calixto continue en restituant les raisons de leur voyage :
*« En 1999, j'ai commencé à voyager pour connaître les cultures qui avaient des vibrations hautes. Ce n'est pas facile parce que ceux qui ont les vibrations très hautes, vivent de façon plus secrète. Pourquoi cette intention ?*
*L'intention était d'unifier toutes ces vibrations afin de faire quelque chose pour la Terre, pour la Vie.*
*Parce que la vie sur Terre avait déjà une vibration basse et l'on sait que la Vie a son fondement dans l'eau et dans le vent ».*

*« Nous les êtres humains, nous devrions être heureux et découvrir plein de choses. Les peuples de la Sierra étaient heureux, ils ne parlaient pas des changements climatiques, etc. Mais ils savaient déjà qu'il y avait quelque chose sur Terre qui s'affaiblissait ».*

C'est pour Mamo Adolfo un premier échange avec les « petits frères », qu'il ne connaissait que dans les rêves, ou les récits des Arhuacos. Alors, pour la première fois, il se lance à donner le message qu'il est venu transmettre en Europe.

« *Nous parlions de l'esprit et de l'âme, c'est fondamental. Parlons de l'esprit ou de l'information que nous donne l'eau.*
*À chaque instant, cet esprit nous avertit à travers l'orage, la pluie ou à travers une catastrophe naturelle. Lors de tels événements, dans notre culture, nous réfléchissons, nous nous asseyons pour dialoguer ensemble et analyser. Que pouvons-nous faire pour l'eau, pour la Terre ?* »
« *Les ancêtres, dans chaque culture, ont toujours dit que la nature est sage ! Maintenant, nous les humains, nous sommes éloignés de cette sagesse.*
*Ce que nous avons fait, c'est créer des documents pour signifier que cette Terre est à nous. L'humain donne de l'importance à la valeur économique et ne donne pas d'importance à la vie réelle qui a lieu sur ces espaces de la Terre. Il est très important de sauvegarder cette vision qu'avaient les ancêtres* ».

« *Il est fondamental d'apprendre le rôle des anciens car nous sommes ici sur la Terre. Nous ne sommes pas sur une autre planète mais bien ici. Si nous sommes sur la Terre, nous devons écouter ce qu'elle nous dit et prendre soin les uns des autres, prendre soin des animaux qui sont dans l'eau, des animaux qui ont des ailes. Ils volent parce qu'ils ont un rôle très important pour la Terre. La défense de tous ces animaux, de toutes ces vies est très importante et aussi les arbres de chaque région. Nous venons sur la Terre pour cela. Nous n'allons nulle part ailleurs* ».

Voici le témoignage d'Aymeric qui était présent à la conférence donnée au Jardin de Safran.

« *J'ai rencontré Calixto Suarez et Mamo Adolfo en octobre 2022 au Jardin de Safran à Varaire dans le Lot, où ils sont venus faire une conférence, suivie le lendemain par des exercices de purification sur les rives du Lot. Je connaissais depuis des années l'existence de ces peuples de la Sierra Nevada de Colombie du Nord, grâce à la médiatisation faite par l'association Tchendukua qui relate l'histoire d'Eric Julien et sa relation féconde avec les Koguis, qui lui ont sauvé la vie, il y a plus de trente ans. Là, nous étions face à deux éminents personnages qui irradiaient paix de l'âme et force de vie, à la fois tranquillement mais avec une sévérité liée à l'importance qu'ils donnent à la vie. Chez eux, tout est sacré, alors on les prend au sérieux. La conférence a commencé ainsi, devant un auditoire d'une petite centaine de personnes très attentives.*

*Au fur et à mesure que se déroulait la conférence, j'ai senti en moi une ouverture qui se faisait dans mon corps autant au niveau de la colonne vertébrale que du « tanden » ou « tan tien », ce centre de gravité très important situé quelques centimètres sous le nombril appelé aussi troisième «chakra».*

*C'était un peu comme si un voile se déchirait intérieurement et faisait place à une nouvelle perception qui ouvrait un espace de vide. Et cette ouverture s'est transformée aussitôt en un incroyable puits qui descendait vers le centre de la Terre, au point que je n'osais pas regarder en dessous, à l'intérieur de moi, de peur d'être pris par une sensation de vertige irrépressible. J'étais comme posé au-dessus d'un vide sidéral qui pourtant était bien dans mon corps, au cœur de celui-ci, dans une situation intérieure inexplicable et ininventable ! Vertigineux dans tous les sens du terme, et source de Joie et de Paix profonde.*

*Mon étonnement premier s'est transformé en joie de percevoir un état inconnu et porteur de grands espoirs. J'étais en train de vivre, d'expérimenter une nouvelle forme d'Être au monde, d'Être en vie. Mais je restais impressionné et intimidé devant cette manifestation miraculeuse qui s'invitait dans un espace intérieur insoupçonné. Prosaïquement je pensais bien que la présence de ces deux grands êtres permettait ou générait une telle perception. Comme s'ils venaient nous apporter simplement et concrètement la connaissance de ce que promet la véritable vie humaine. N'ont-ils pas traversé l'océan pour témoigner et nous transmettre l'espoir et les valeurs que leur civilisation hautement spirituelle a gardé pendant des siècles pour nous le rappeler le jour venu alors que l'humanité perdue se trouve en proie à des doutes mortels ? Bien installé dans cette connexion profonde et inspirante avec le centre de la Terre, je me demandais s'ils pouvaient savoir et ressentir ce que je vivais en les écoutant.*

*Je l'ai compris, après une pause proposée au milieu de la conférence. Nous sommes revenus à nos places et Calixto, avant de reprendre le cours de ses récits, m'a appelé et m'a demandé de venir témoigner devant l'assemblée. Il voulait que je puisse exprimer ce que j'avais à dire, à tous… sur le moment j'ai été un peu pris de court. Je ne savais pas quoi dire, mais j'ai évoqué ce* qui m'avait réjoui dans ce qu'ils nous ont transmis ce jour-là, notamment sur les retrouvailles des quatre principaux peuples de la Sierra Nevada, qui s'étaient éloignés peu à peu les uns des autres depuis l'arrivée des conquistadors et l'établissement d'une société moderne et agressive aux portes de leurs territoires, et qui se les appropries par la force sans discontinuer depuis le XVI ème siècle jusqu'à nos jours. Pour moi il est évident que l'union, la réunion et la paix à l'intérieur et entre les familles d'humains est le préalable incontournable à toute paix durable.

J'ai compris ensuite que l'appel qu'il m'a fait était une forme de réponse à la question que je me posais intérieurement sur leurs capacités à ressentir ou percevoir la transformation qui était mienne à ce moment-là. À la fin de la conférence nous sommes allés les rencontrer quelques instants, les uns après les autres. Je les ai beaucoup remerciés pour ce qu'ils sont et ce qu'ils nous donnent.

Ils sont l'espoir vivant que nous pouvons retrouver le chemin d'une humanité vraie et indivisible. Je leur ai demandé s'ils pouvaient me transmettre une parole de bénédiction, de paix et de protection dans leur langue originelle. Ils se sont concertés un moment et Calixto est revenu vers moi et a prononcé : «Arhuawiku» ! J'ai répété pour être sûr de ne pas me tromper et il a sourit en acquiesçant : « AR WA WI KU » ! Pour moi ces sons sont une expression pur du Kototama, qui sont les Sons qui émanent directement de l'univers et peuvent modeler, transformer, apaiser ou amplifier les courants de manifestations de la vie. C'était une deuxième révélation en très peu de temps, car cela fait trente années que je cherche et étudie aussi sérieusement que possible la tradition immémoriale du Kototama Futomani, gardée secrète dans le Japon ancestral. Comment oublier tout ce que cette rencontre m'a apportée ? Comme cela nourrit en permanence mon être, je vis avec un souvenir concret de cet espace inouï qui s'est ouvert en moi et m'a fait prendre conscience de l'importance de notre incarnation sur cette planète, en relation directe, concrète et très vaste avec elle ! Leur tradition nous dit que la terre est la Mère de toute vie ici.

L'eau et la terre sont les éléments qui créent et renouvellent sans cesse la vie sur terre, et la femme en est la représentante permanente. Pour eux la femme est aussi sacrée que l'eau et la planète.

Ce sont des facettes différentes du même principe de création de la vie et elles sont les déesses incarnées de la vie féconde ! Nous, les modernes que nous sommes, l'avons vraiment oublié…Nous allons devoir nous souvenir à nouveau de l'Essentiel qui permet la Vie ».

## Temps sacré au bord de la rivière

Au bord du Lot, sur une petite plage discrète au milieu de bosquets colorés, ce jour-là paré de toutes les teintes d'automne, nous sommes restés en contemplation devant l'eau tranquille de la rivière et avec la fluidité qui en émanait et imprégnait notre corps.
Grâce à la guidance de Calixto et Adolfo, nous avons vécu une parcelle de temps au rythme de ce peuple posé dans l'intériorité ! Nous avons compris ce que signifiait le soin profond à la Terre qui imprégnait toute leur culture. Il n'y avait rien de démonstratif dans la proposition de rituel qu'ont assurée les Mamos.
Pour nous, il s'agissait juste d'être là en état de contemplation-communion avec l'eau douce du fleuve, notre respiration, dans l'unité du groupe venu ce jour-là.
La présence des Mamos nous invitait à prendre en compte ce qui nous traversait et ainsi à soigner, en lien avec le flux de la rivière, les blessures ou égratignures encore présentes ou refoulées de notre être émotionnel.

*Rituel au bord du Lot*

Dans les semaines qui ont suivi, la nature nous a souvent accueillis pour des moments exceptionnels de communion et de partage avec nos grands frères de la Sierra.

## Visite dans les Alpes de Haute Provence
## Les Mées

La soirée de rencontre dans la salle des fêtes du village des Mées en Haute Provence était marquée par la présence d'un groupe d'enfants qui avait préparé, avec l'aide d'Arlette, un accueil joyeux avec des chansons pleines de gratitude pour la Nature et pour tout ce qu'elle nous offre.
Cet accueil des enfants a beaucoup marqué Mamo Adolfo qui découvrait le mode d'expression d'usage dans notre civilisation. Voici ses paroles ;

*« Pour nous, cela a un sens très important qui porte des valeurs de paix, de liberté, de vie. C'est la première fois que je viens en Europe et que je suis témoin de pareille manifestation : à travers les enfants, symboliquement, il y a beaucoup de choses qui se sont passées ! Ce sont les leaders du futur et ce sont eux qui vont sauver la vie, et cela compte beaucoup ! »*

Voici quelques extraits de ce qu'ils ont transmis ce jour-là, aux habitants de ce village qui semble être un site géologique très particulier avec cet alignement de colonnes naturelles, nommé « Les Pénitents », qui longe la vallée de la Durance.

*Calixto ; « Les lieux sacrés sur la Terre sont en connexion avec nos paroles, notre esprit et notre cœur! C'est pourquoi je cherche à trouver l'équilibre avec tous ces lieux sacrés !*
*Les leaders spirituels arhuacos pratiquent beaucoup d'exercices pour que les gens s'unissent dans le soin à la Vie. C'est leur manière de vivre, ils ont besoin de faire cela, pour se sentir bien avec leur cœur, se sentir en harmonie ! Tous ces actes d'harmonisation se font toujours avec des anciens et des enfants. Il est essentiel pour nous de faire ces actions. Si nous ne les faisons pas, nous ne sommes pas des indigènes. Nous devons agir en accord avec nos valeurs ! »*

Les jours suivants, trois belles rencontres de reconnexion à la Terre-Mère se sont succédé dans les Alpes de Haute Provence.
Ces journées dans des lieux incarnant des facettes différentes de la belle nature provençale, sont restées inoubliables dans nos mémoires.

# La montagne aux arbres millénaires

Tôt le matin, nous étions plus d'une centaine, des habitants de ce secteur pour la plupart à gravir un petit sentier dans la garrigue, au milieu des senteurs de thym sauvage, pour rejoindre, plus haut, un espace de forêt marqué par la présence de quelques énormes chênes dispersés dans un taillis.
Calixto et Adolfo nous ont invités à nous asseoir dans un espace dégagé, auprès de deux de ces géants.
Pascal, le protecteur du lieu, nous a expliqué que cette forêt avait connu un incendie, il y a de cela quelques dizaines d'années, mais que ces arbres majestueux avaient survécu.
Selon les directives de Calixto, nous nous sommes séparés en deux groupes : les messieurs étaient assis auprès de l'arbre féminin et les dames devant l'arbre qu'ils nous ont désigné comme arbre masculin. À suivi un long moment de rituel de Mamo Adolfo, que nous étions invités à accompagner dans l'intériorité : dans la contemplation silencieuse, les femmes allaient soigner, en elles, l'élément masculin hérité de leur famille, des générations précédentes et aussi le principe masculin vécu dans leur histoire intime avec leur partenaire de vie ; quant aux hommes, ils étaient invités à soigner leur partie féminine, reçue de leurs mères et des générations qui les ont précédées.

*Accueil par Pascal dans la forêt de St Geniez*

Calixto ; « Nous allons dans l'histoire de cette montagne. Peut-être qu'elle était égoïste et que rien ne poussait dessus, mais cette montagne a changé et c'est la même chose que nous devons faire !

Ne pas être égoïstes avec nous-mêmes. C'est un principe fondamental qui a une grande importance pour la vie. D'après notre façon de comprendre, de notre point de vue, il existe deux types d'arbres, les arbres masculins et les arbres féminins. Si l'arbre masculin est seul sur une montagne, il ne va pas bien. Et vice-versa !

S'il n'y a que des arbres féminins, ça ne va pas !

S'il y a des arbres masculins et des arbres féminins, l'eau peut naître !

Mais il y a autre chose de plus important : il y a des arbres qui sont comme des chefs, et quand deux arbres masculin et féminin ne se comportent pas bien, cela crée du feu. C'est ce que nous connaissons et que nous captons, nous, les peuples indigènes.

L'être humain se croit toujours supérieur à la Nature, et il croit que la Nature dépend de lui. Bien qu'on ait un grand espace pour vivre sur cette Terre, quand on s'en ira, on ne va rien emmener. Donc, on arrête de penser que l'on est supérieur ! Et c'est pareil pour le monde minéral, une montagne c'est de la pierre, elle peut aussi être égoïste. Alors il y a toutes ces informations de tous ces égoïstes, qui sont logées en nous. Il faut que nous intervenions et que nous les aidions ! De quelle façon ?

La gratitude envers eux, envers nous-mêmes, pour que notre âme puisse se connecter à la pureté de la vie. Nous ne nous valorisons pas assez, nous ne prenons pas assez de temps pour nous-mêmes !

Et pourtant, c'est une offrande à la Vie.

Il y a beaucoup de façons de remercier la Terre. Le principal, au-delà de la forme que nous adoptons, le sens profond, c'est l'offrande. Ceci pour chaque culture.

C'est là que nous devons agir, au-delà de la forme, dans le sens profond, où se trouve l'Unité ! »

Témoignage de Frédéric, un ami de la forêt, qui était présent ce jour-là, et qui s'est senti ensuite motivé pour une visite dans la Sierra !

« *La première fois que j'ai rencontré Calixto, c'était en 2015 ou 2016, en Ardèche, chez mon ami Stéphane Jansegers qui m'hébergeait lors d'une semaine de co-animation d'une formation de permaculture à Terre et Humanisme. À ma grande surprise, Calixto, que je ne connaissais pas plus que le peuple Arhuaco, était hébergé dans la même maison ! Il était là en visite sur le territoire. Ce qu'il me reste de cette première rencontre c'est la profondeur du regard, la simplicité et la fraternité qui rayonnent de Calixto. Une graine a été semée ces jours-là.*

*J'ai revu Calixto accompagné de Mamo Adolfo en octobre 2022, lors de la balade sur la montagne aux arbres millénaires. À nouveau des moments d'une richesse si fertile. Suite à cette rencontre, mon fils Livan (dix ans) et moi, sommes partis en Colombie, avec l'humble intention de tisser des liens avec des représentants de peuples racines autour de la question suivante : «Est-il possible d'apprendre ensemble à vivre en paix avec nous-même, dans notre relation à la forêt et plus largement à la Terre Mère ? ». Infinie gratitude à Calixto de m'avoir répondu en nous ouvrant les portes de son cœur et de son territoire. Merci à lui de nous avoir emmenés si loin, dans les plus hauts villages de la Sierra Nevada. La réponse apportée par Calixto à ma question initiale pourrait se résumer en un seul mot : Union. Un mot court mais le chemin qui y mène est long. Il commence à l'intérieur de soi. J'ai énormément de reconnaissance pour la confiance de Calixto, son engagement, sa disponibilité, sa générosité, son ouverture de cœur et d'esprit. Énormément de reconnaissance également pour le peuple Arhuaco, pour les Mamos de la Sierra, leurs savoirs, leur connexion à la loi d'origine au cœur du monde* ».

## Le domaine de Bourne

À suivi une très belle journée dans le parc d'un bel espace d'accueil, entretenu avec soin par Mahel, un lieu qui avait déjà reçu la visite de Calixto plusieurs fois.

Le cercle de méditation guidé par Calixto et Adolfo se trouvait dans un espace de verdure, protégé par de grands arbres, un endroit qui semblait naturellement dédié à ce type de rassemblement.

Calixto et Adolfo ont proposé un rituel sur nos ancêtres, et des petits flacons remplis d'eau ont circulé entre toutes nos mains pour recueillir les intentions de guérison et de paix que nous formulions dans nos cœurs. Et voici un extrait des paroles de Calixto qui ont accompagné le moment de méditation-rituel qui a suivi ;

*« Pour rester vivant, on a besoin de deux choses, inspirer et expirer, et ces deux moments représentent la vie, la vie humaine et la vie de la nature, la vie de la Terre et la vie de l'univers, la vie de mon corps physique et la vie de mon âme. Et le maître a une responsabilité, il s'est engagé pour que cette connexion existe toujours !*
*Ce matin était un moment important. Ce n'est pas important parce que, avec Mamo Adolfo, nous sommes ici : l'important, c'est le lien avec vos âmes. Les graines que nous avons plantées aujourd'hui, cela va durer très longtemps.*
*Et en cela, je vous remercie encore ! »*

## La source du domaine « Rûmi »

Le lendemain, nous étions accueillis par Malvina et Laetitia, au merveilleux « domaine Rûmi » un lieu d'accueil de stages, en pleine nature, près de Saint Michel l'Observatoire. Un atelier était prévu près d'une source. Suivant les indications de nos hôtesses, nous sommes descendus en file indienne le long d'un sentier qui nous menait au fond d'un petit ravin, juste à l'endroit où naît une petite rivière, dans un environnement magique de douceur et de grande beauté. Cet endroit inspirait paix et profondeur des sentiments : un lieu idéal pour se relier à l'âme !

Témoignage de Malvina Miollan, la gardienne du lieu ;

*« J'ai rencontré Calixto en 2014 grâce à Olivia. À cette époque, j'étais dans un changement de vie professionnelle en m'orientant vers la méditation de pleine conscience et la connexion au monde subtil.*
*J'ai rapidement intégré le groupe de bénévoles de la région. J'ai eu la chance d'accueillir Calixto deux fois dans ma maison de Mane, lors d'événements organisés pour sa venue. J'ai tout de suite apprécié la qualité de sa présence, son engagement envers la nature et le vivant, ainsi que sa connexion avec le monde subtil. Il incarne pour moi des valeurs humanistes essentielles. Calixto représente l'union de mes pratiques. Calixto incarne naturellement la Présence et la connexion avec le monde subtil et vivant. Calixto nous a enseigné une pratique de respiration qui permet de prendre soin de soi et d'avoir de la Gratitude : « J'inspire Merci à mon corps/cœur, j'expire Merci à la Vie. » En pratiquant en conscience cette respiration, je me sens pleine de vie et remplie d'amour. Cette pratique aussi je la sème autour de moi et des stages que je donne.*

*Ne sachant pas parler espagnol, je reste à côté de Calixto en silence et je ressens tout la Grandeur de son Être. Je me souviens avoir médité avec lui dans la salle de soin à Mane. En m'y reconnectant, je ressens encore cette espace en moi plein de chaleur et de douceur.*
*Calixto est un modèle pour moi pour son humilité et son respect pour le Vivant sous toutes ses formes. Calixto a dit « Tout a un cœur.»*
*Cette phrase est gravée en moi et je la sème aussi dans ma vie de tous les jours.*
*Depuis 2021, je suis la gardienne d'un lieu de d'accueil de stages et de bien-être, « le Domaine Rûmi » dont mon intention première est « le respect du Vivant sous toutes ses formes » ; la chasse n'est plus autorisée, le végétal s'exprime en toute liberté. C'est grâce à Calixto et son peuple que cette intention est ancrée en moi et dans mon cœur. En 2022, Calixto et Mamo Adolfo nous ont fait l'honneur de venir au Domaine Rûmi. Nous étions 80 personnes venues entendre leur enseignement. Durant cette journée, nous avons marché ensemble en silence vers une source. Nous avons ensuite écouté les enseignements de Calixto et fait un rituel sur nos ancêtres. Cela m'a permis de me rappeler à quel point mes générations passées ont un impact sur qui je suis et à quel point il me faut les remercier. Avant la venue du public, Calixto et Mamo Adolfo ont demandé à « rencontrer le lieu ». Je les ai accompagnés à la source le matin. Ils sont restés en silence en « écoutant » le lieu, à ressentir les énergies. Puis, Ils m'ont dit que c'était parfait pour l'événement.*
*J'ai été admirative de la manière dont Calixto et Mamo Adolfo ont pris les informations du lieu et se sont connectés à cet espace avec beaucoup d'humilité et de respect, en silence. Le domaine Rûmi, et tout le Vivant qui l'accompagne, a bénéficié de la bénédiction de la présence de Calixto et de celle de Mamo Adolfo : comme un baptême.*
*Ainsi un pont a été créé entre la Sierra Nevada et le Domaine Rûmi. Nous en sommes honorées, et préservons avec tout notre amour ce doux lien entre nos deux Terres de cœur.*
*Je tiens à remercier de tout mon cœur, Calixto et le peuple Arhuaco pour leur enseignement d'une profonde sagesse envers le Vivant. Merci à eux d'œuvrer pour un monde plus serein et harmonieux et de m'accompagner comme leur petite sœur de cœur ».*

Paroles de Calixto ce jour là ;
*« Ce matin, un geste d'amour, en accord avec la nature, un geste de sentiment, d'humilité, de simplicité, mais un geste très puissant.*
*Nous sommes maintenant dans un lieu très important, avec l'eau. L'eau,*

pour moi, c'est la vie ! L'eau nettoie les virus de l'air, et certains arbres aussi nettoient les virus qui sont dans l'air. Tous les arbres ne font pas le même travail, et nous aussi, nous sommes comme ça, nous, les êtres humains. Ça, c'est le monde spirituel ! Mais cela se pratique aussi dans la vie de tous les jours ! Donc nous sommes allés là-bas, à la Source. L'eau porte différentes informations. Je ne parle pas de la contamination ou de la pollution. Je parle de la connexion du lieu, dépendant aussi de la connexion avec d'autres lieux où l'eau naît. Donc l'eau a une connexion avec notre espace dans la Sierra Nevada. Il faut en prendre soin ! L'eau est heureuse ! Notre âme aussi. Merci beaucoup ! »

Et cet après-midi-là, la famille a été honorée, avec la présence de jeunes couples avec enfants au sein de l'assistance.

*Rencontre près de la source*

Lors de cette tournée d'octobre 2022, d'autres conférences ont été données dans plusieurs villes par Calixto et Mamo Adolfo, avec des messages qui ont marqué les publics présents.

Voici des extraits de la conférence donnée à Toulouse ;

*Mamo Adolfo ; «Nous sommes en train de parler de l'âme de chacun. Nous ne savons pas où elle est née, d'où elle vient, où elle va, mais nous avons*

*notre âme en nous. Et le père de nos âmes est commun à nous tous. Le corps physique est très important. Mais le plus important c'est que nous communiquions depuis notre âme. L'âme ne se différencie pas. L'âme est pure, c'est pour cela que communiquer depuis nos âmes est très important.*
*Il n'y a pas de mensonge, de tromperie, il n'y a que de l'harmonie. Avec notre âme nous pouvons prendre soin l'un de l'autre. Mon âme et les vôtres sont les mêmes, elles ne se différencient pas, elles prennent soin les unes des autres. C'est très important que l'on enseigne cela aux petits garçons et aux petites filles. Si on ne donne pas cette importance à nos âmes, nous ne vivons pas, ce n'est pas une vie.*
*C'est pour cela que, qui que nous soyons et quelle que soit notre culture, il faut donner cette valeur à notre âme. Nous connaissons seulement la naissance de notre corps physique, de l'âme personne ne sait rien. Et pour cela je me réjouis beaucoup d'être là en ce moment et de partager à ce niveau de l'âme».*

*Calixto ; «Je suis allé dans différentes cultures, en Amérique du Sud, qui abandonnent leurs racines ou qui ne les connaissent pas à cause de plein d'histoires, à cause des mélanges entre races… La conséquence, c'est qu'ils deviennent déconnectés de la terre et de leur propre terre intérieure.*
*Mais le mental sera toujours là parce que les esprits sont nombreux autour de nous, et les esprits sont très joueurs. Je les appelle les informateurs de la Nature. Quand une personne est très spéciale par rapport à la Nature, à la vie, ces esprits le poursuivent et quand l'être humain n'a pas cette conscience, il l'ignore et ça ne devrait pas être comme ça.*

*D'abord il devrait s'auto-estimer parce qu'ainsi cet esprit ne pourra pas rentrer en lui et çà c'est la base, c'est très important. L'esprit occupe l'espace intérieur de chacun et quand les cultures renient leurs racines, alors on devient déséquilibré.*
*Quand un esprit poursuit une personne, c'est souvent parce que cette personne a une vibration très haute et cette personne a cette vibration parce qu'elle est capable de transformer, de guérir. Même si le mental ne comprend pas, le cœur, lui, a sa puissance et quand cette personne n'a pas la direction adéquate, elle souffre ! Et cette personne peut devenir malade, ça peut arriver. C'est pour*

cela que c'est important d'avoir cet équilibre intérieur. Nous devons offrir notre gratitude envers la Vie. Dans mon peuple on appelle cela faire une rétribution à la Nature : l'offrande de notre gratitude envers la Vie».

Aldolfo reprend, traduit par Calixto ;

«Le soleil a disparu à deux reprises. Et dans ces deux moments, quand le soleil s'est caché, la terre est devenue toute froide, et personne n'a supporté ce froid, les animaux non plus et la nourriture non plus. Alors à ce moment l'humanité a réfléchi : que fallait-il faire ?
La réponse était que les femmes devaient occuper leur propre place, ceux qui étaient là ne comprenaient pas du tout.
Alors les femmes ont convaincu le soleil et le soleil est revenu. C'est pour cette raison qu'en ce moment les femmes ont un rôle très important.
Par rapport au réchauffement climatique dont tout le monde parle : c'est parce que les femmes sur la terre n'occupaient pas leur place. Dans certains endroits les femmes étaient contre les hommes. Maintenant les femmes doivent occuper leur place et s'occuper de leur propre rôle et c'est ce qu'il faut qu'elles fassent. Ne pas seulement penser à soi mais plutôt être au service, au service de sa propre âme, pour que cette âme, quand elle part, soit une force.
Si cette âme part en étant triste, elle ne partira pas tranquillement, c'est ce que je veux partager avec vous».

Calixto ; « Nous ne faisons que suivre le fil de l'Histoire. Les cultures indigènes parlent des générations. Et nous, nous parlons des neuf générations, nous ne savons pas comment se sont comportés nos ancêtres. Ces neuf générations sont en correspondance avec les neuf mois de gestation et aussi les neuf mondes.
Ces derniers temps, la manifestation de certaines personnes est en relation directe avec les six ou sept générations qui l'ont précédée. Les informations ou messages, qui viennent de ces générations sont portées par des personnes qui vivent dans ce monde actuellement, c'est pour cela qu'on parle d'occuper notre propre place. Ce que nous ne voulons pas, c'est que ces informations envahissent notre propre champ. On ne sait pas comment ont agi nos ancêtres. C'est possible qu'ils aient fait des choses étranges, ou créé des situations bi-

zarres, qui ont créé des blocages encore présents aujourd'hui. Et cela a besoin d'être libéré à travers nous, parce que nous sommes plus sages que nos ancêtres. Nous pouvons les libérer !

Quand je dis informations, ce sont des énergies. Quand quelqu'un ressent quelque chose de bizarre ou qui ne lui plaît pas, il faut quand même lui donner notre bénédiction, ou alors lui donner de l'amour depuis notre être profond, et lui offrir la pureté de notre âme.

C'est le rôle individuel de chacun : nous devons être responsables. Si nous nous sentons heureux dans notre cœur, alors tout est parfait ! »

# Chapitre 6
## Visite dans les Universités en 2022-2023

Lorsque Calixto a envisagé cette venue en Europe, il a demandé à rencontrer des jeunes. Cela semblait important pour lui de pouvoir dialoguer avec la jeunesse, dans les suites de cette préoccupante pandémie, et si possible d'aller dans des Universités.

Au sein du petit groupe d'amis de Calixto, nous avons recherché dans nos contacts et plusieurs possibilités se sont présentées..

### Rencontre à l'école de Commerce de Grenoble : les concepts d'économie dans la culture arhuaca

La première opportunité était une invitation à l'école de commerce et de management de Grenoble, lors d'une quinzaine d'animation nationale sur le thème de la transition écologique.

Calixto et Mamo Adolfo devaient donc intervenir lors d'une soirée au cours de laquelle la réflexion portait sur la nécessité de trouver d'autres paradigmes que ceux qui régissent les sociétés occidentales actuelles.

Pour arriver dans l'amphithéâtre très moderne où allait se passer la conférence, nos hôtes ont dû traverser une grande salle d'étude, dans laquelle une centaine d'étudiants étaient attablés chacun devant un ordinateur, et le décor était des plus impressionnants, sans doute complètement irréel pour Adolfo qui n'avait jamais quitté sa montagne !

Nous étions vraiment curieux de voir comment ils allaient entamer ce dialogue assez invraisemblable entre des mondes aussi éloignés, les cimes de la Sierra, et une école phare de notre société matérialiste !

L'assemblée comportait plus d'enseignants que d'étudiants. Au cours de la soirée, les concepts énoncés étaient abordés de manière scientifique et très complexe par une enseignante de cette faculté. On y parlait de tous les enjeux des changements à opérer dans nos sociétés, face au dérèglement climatique, et ceci, avec des termes très académiques.

Lorsque cela a été leur tour de prendre la parole, Calixto s'est exprimé comme devant des enfants, avec une grande tendresse, pour leur parler d'une toute autre manière d'envisager l'économie qui était celle du peuple Arhuaco depuis la nuit des temps ! La manière même dont les

Arhuacos la vivent dans leur quotidien et comme ils l'enseignent à leurs enfants !
Voici quelques extraits des magnifiques enseignements qu'ils ont simplement transmis dans ce milieu de la finance :

*Calixto ; « Chacun de nous est très important pour la Terre.*
*Le problème débute lorsqu'on commence à séparer et à donner plus d'importance à l'un ou à l'autre : lorsque nous pensons par exemple que les hommes sont plus importants que les femmes ou vice versa. Mais ce que nous devons chercher à retrouver, c'est la valeur de chaque individu. J'ai une valeur, et chacun de nous a également sa valeur, et faisons en sorte de favoriser l'interaction entre chacun de nous, et cet espace où l'on traite d'économie traite de ce sujet ! Dans notre vision, l'économie, c'est ce que nous portons en nous, quand nous arrivons, au moment de notre naissance. Quand la Mère donne naissance à chacun de nous, la richesse se situe à ce niveau-là !*
*Mais nous avons perdu ce lien, cette connexion. Pour notre peuple, cette richesse, ce vrai trésor qui est là, à notre naissance, à quoi sert-il ?*
*Ce potentiel, c'est pour nourrir notre corps. C'est une connexion qui nous relie à notre propre énergie. Ce n'est pas une croyance, c'est la réalité. Et nous disons que si ensuite nous canalisons toute cette richesse, en faisant des exercices spirituels, les choses vont bien ! Nous devons la garder en faisant constamment un travail d'analyse en nous-mêmes. Ainsi nous ne perdons pas notre richesse et c'est cela l'économie spirituelle ! »*

Peu à peu les visages des participants très crispés au début, se sont détendus ! Ils commençaient à s'ouvrir en abandonnant les préoccupations ambiantes, le stress omniprésent de la vie contemporaine.
Calixto a encore donné d'autres explications sur les notions d'économie dans la culture arhuaca.

*« L'économie pour nous, c'est une rétribution vers la Terre de tout ce que nous avons reçu. Et aussi vers les autres Humains.*
*Nous avons beaucoup de façons de faire des offrandes à la Terre et à l'humanité, et on se questionne comment le faire chaque fois qu'il y a dysharmonie. Et le remerciement, c'est vraiment fondamental : la gratitude, c'est la Grâce*

*divine que nous pouvons offrir. Souvent, nous oublions de rendre grâce à notre existence. Offrir notre gratitude à la Vie. La Terre nous aime tous de la même manière. On lui a fait beaucoup de choses à la Terre et elle continue à nous aimer !*

*Il parle de son chapeau. Il est en coton. Si je pense au niveau financier, je pense : il est à moi ! Parce que j'ai payé une somme pour cela ! Mais si je vais un peu plus loin, le coton vient de la terre, la terre a travaillé, l'eau a nourri la terre, les petits animaux ont participé, les étoiles aussi, la brise ! Cela appartient à toutes ces choses, et c'est ce que l'on enseigne à nos enfants. Il convient de ne pas perdre de vue cette compréhension. Et de ne pas avoir une vision seulement matérielle.*

*Cette coopération des fonctionnaires, des ouvriers, pour faire un objet, on peut se demander, comment étaient-ils au moment où ils l'ont fait ; s'ils étaient tristes, cette information est restée engrammée dans l'objet ! L'être humain est très puissant, nous sommes capables de tout transformer (tous les êtres humains et pas seulement les Indigènes !) ».*

Alors Calixto s'interrompt, et s'adressant, avec amour et respect à plusieurs personnes de l'assemblée, il questionne chacune ;

*« Comment te sens-tu, est-ce que tu te sens bien, est-ce que tu t'aimes ?*
*Voilà la question ! L'important est de retrouver sa valeur ! Je parle de notre valeur personnelle à chacun. Il faut laisser la porte de notre maison intérieure fermée. Si on laisse la porte grande ouverte, on ne protège pas notre richesse, et n'importe quelle énergie peut entrer.*

*Le principe fondamental pour faire quelque chose pour la Terre, est d'abord de s'aimer. Lorsque la personne ne s'aime pas, et n'aime pas ce qu'elle est en train de faire, cela crée une dysharmonie. Et il y a beaucoup de facteurs qui peuvent amener en nous une dysharmonie. Nous sommes invités à vivre la vie avec joie ! Les racines de la douleur nous coûtent beaucoup. Il faut apprendre à rire des choses qui nous font souffrir, c'est la rétribution spirituelle. Et aussi, par la joie, nous nous nourrissons. Soyez heureux avec ce que vous êtes, riches ou pas, il est important d'être heureux avec soi-même. Si je ne suis pas heureux, je me fais du mal et également au monde invisible. Je dois remercier pour ce*

que j'ai fait et accompli, c'est l'offrande divine de mon corps.
Ne pas lutter, ni combattre, simplement remercier pour ce que j'ai, ce que je suis. Et aussi la question climatique, le réchauffement global. La Terre est en train de nous enseigner. En fait, la question est : comment nous nous comportons en tant qu'humains ?
C'est ce que j'appelle : écologie personnelle.
L'écologie personnelle c'est prendre en compte ses pensées, ses paroles, ses actions, et voir si ces trois aspects vont vers une harmonie avec la Nature ! »

## Rencontre à l'Université d'Aix en Provence
### Section anthropologie et cultures hispanophones

Bien que la rencontre ait été programmée en quelques jours seulement, l'amphithéâtre était plein et beaucoup d'étudiants étaient au rendez-vous pour écouter les paroles des Mamos !
Et l'échange qui a eu lieu a suscité beaucoup d'enthousiasme. Les jeunes se sont sentis très concernés par les enseignements qui répondaient à leurs questions existentielles les plus intimes. Ils ont prolongé la rencontre en posant une multitude de questions ! Nous livrons ici la presque totalité de cette conférence qui a soulevé les cœurs !

*Calixto ; « On ne va pas parler de choses étranges, on va parler de la vie !*
*Je suis allé dans beaucoup d'universités dans le monde, pour parler de la vie : la vie humaine, et aussi celle du monde invisible, qui elle aussi est importante !*
*Et aussi j'y suis allé pour apprendre !*
*Pour apprendre, il y a beaucoup de voies.*
*Bien-sûr on doit apprendre ce qui a trait au monde matériel, mais le plus important, c'est le monde invisible. Le monde invisible, il est étrange, mais il est beau aussi.*
*Bien ! Je viens de Colombie, du Nord de ce pays.*
*Dans le massif de la Sierra Nevada de Santa Marta, il y a 4 ethnies, les Arhuacos, les Kogis, les Wiwas, et les Kankuamos ; et à nos yeux, ces quatre peuples sont responsables de soigner la planète, sur le plan des mondes invisibles, et aussi du monde matériel visible. Ces quinze dernières années, nous*

avons été très alarmés et c'est ce qui m'a amené à aller rendre visite aux autres peuples de la Terre, pour comprendre comment l'humain se comporte avec la Terre ! Cela sans les juger, juste pour comprendre !

Je voulais savoir comment était la Terre sur les différents continents : si la Terre se comportait bien avec l'être humain, et vice versa !

Je voulais savoir aussi comment étaient les relations entre les êtres humains ! Voir les relations des anciens avec les petits enfants, voir comment ils communiquent !

Mon objectif était d'apporter des messages au Monde, et de ramener des messages à mon peuple. Et j'ai appris beaucoup. Je ne sais pas ce que j'ai enseigné, mais j'ai beaucoup appris. J'ai compris que, notre peuple aussi, nous avions un peu perdu notre direction : nous ne nous comportions pas exactement comment nous aurions dû le faire, sur deux points importants : qui sommes-nous ? Et que voulons-nous vraiment ?

Bien-sûr, tout le monde veut la paix !

En Colombie, il y a cent-quinze peuples indigènes, et soixante-cinq ont conservé leur culture et leurs principes de valeur. Sur un plan politique, il y a cinq organisations qui représentent ces peuples au gouvernement. Notre mission est de conserver nos principes de valeur. Pour nous, il s'agit d'être à l'écoute de la vie sur Terre, d'identifier les déséquilibres dans la nature et dans l'être humain.

Nous le faisons à partir des points énergétiques de la Terre car la Terre, tout comme le corps humain, possède des points énergétiques. Nous les appelons points de communication ! Donc chez nous, les leaders spirituels, les Mamos, ont la responsabilité de surveiller les sites sacrés de la Sierra en lien avec les points énergétiques de la planète. Les Mamos sont très vigilants pour déchiffrer et analyser les informations données par ces sites. Ils le font pour prendre soin de la Vie.

Lorsqu'un de ces sites énergétiques se meurt, la Vie s'en va.

C'est à partir de nos observations que nous avons senti le besoin de communiquer avec le monde extérieur, ou occidental. Et là, on a commencé à parler du changement climatique, du réchauffement global.

*Dans l'ensemble du territoire de la Sierra Nevada de Santa Marta, qui correspond aux territoires ancestraux des quatre ethnies, il y a de nombreux sites sacrés qui seraient en correspondance avec ceux de toute la planète.*
*C'est aussi pour cette raison que je suis allé dans les différents continents, voir ce qui se passe sur la Terre !*
*Pour le changement climatique, est-ce que nous allons vers un pire ou vers un meilleur ?*
*Nous, nous disons que la Terre va bien ! Elle va se transformer ! Elle va se soigner et guérir par elle-même. Et ce dont nous avons besoin, c'est de nous guérir nous-mêmes. C'est là, la conclusion qui est sortie de la réunion de nos quatre peuples. C'est notre manière de voir.*
*Une autre chose importante qui nous préoccupe est la sécheresse, le manque d'eau. Nous avons analysé ce phénomène : cela va se transformer. Pour nous, ce n'est pas la fin de la vie. C'est le moment du changement, le moment de nous transformer nous-mêmes. Il n'y a pas lieu de porter des jugements, de culpabiliser quiconque. Voir comment se transformer, chacun !*
*Ces derniers temps, le Monde a été touché par ce monstre, appelé le coronavirus. Pour nous, ce n'était pas négatif : cela nous a permis de réfléchir. Cela nous a permis de devenir plus fort mentalement. Ainsi notre peuple n'a pas été affecté par la pandémie. Nous avons fait des exercices spirituels en quatre phases, pour donner de la force, fortifier la vie humaine sur les différents continents, et ceci, à partir des sites sacrés de la Sierra. Cela correspond à notre façon de penser et d'agir, notre manière d'échanger aussi entre les quatre peuples !*
*Et nous faisons tout cela, pour être bien dans notre cœur, pour être heureux dans notre vie ! C'est comme cela que nous vivons, pour unifier et pacifier !...*
*Pour notre peuple, la relation avec les anciens (hommes et femmes) est fondamentale. Les légendes racontent que ce sont toujours les anciens qui ont sauvé la Vie. Et donc nous enseignons aux enfants, aux petits-fils et petites-filles à rendre visite à leurs aïeux et à leur faire des cadeaux. Pour nous, c'est important que les anciens, les grands-pères, les grand-mères soient présents dans la vie ! Aussi nous prenons en compte les personnes qui ont quitté leur corps*

*physique, parce que, spirituellement, ou énergétiquement, souvent, ils nous accompagnent. Ceci parce que nous avons tous vécu neuf mois dans le ventre de notre mère, quelle que soit notre culture. Parfois certains sont pressés et ne sont restés que sept mois, certains dix mois, et les histoires racontent qu'il y en a qui y auraient vécu douze mois !*

*Calixto aimerait rencontrer une de ces personnes, car pour lui ces sont des êtres très particuliers !*

*Calixto et Mamo Adolfo*

*Les neuf mois de gestation ont des liens avec neuf générations d'ancêtres. Mon guide (mon Maître) peut être un de mes ancêtres ! Mon professeur (Mamo Adolfo) est ici à ma droite, mais il est aussi un de mes ancêtres !*

*Les neuf mois avant la naissance sont aussi en lien avec les neuf planètes. Ces connaissances influencent notre façon de vivre ! Elles sont valables pour n'importe quelle culture, et c'est sur ces bases que nous vivons tous, plus ou moins consciemment ! Nous sommes très préoccupés de savoir que des jeunes se suicident, et aussi nous sommes très préoccupés en nous rendant compte de la souffrance des anciens en Occident.*

*Comment transformer ces deux choses ? Comment enseigner aux personnes à trouver leur propre valeur ? C'est pourtant facile ! Mais c'est difficile à accepter que ce soit facile. Je parle de mon expérience personnelle. Se battre, résister ne nous amène nulle part. Personne sur cette planète n'est venu par erreur, et nous sommes tous importants pour la Terre ! Chacun de nous est venu réaliser quelque chose. Nous sommes importants. Nous rejetons beaucoup notre corps physique, et nous avons peur de la mort. Pour nous les Arhuacos, la mort n'existe pas. C'est une renaissance.*

*Le plus important est de faire attention à nos paroles, à nos pensées, à nos actes, pour qu'il n'y ait pas de blocage qui s'installe. Si nous les laissons s'installer, ils sont transmis aux générations suivantes. Nous invitons toujours à faire attention à ces trois principes fondamentaux. Il y en a un quatrième : trouver d'où je viens, qui je suis, comment je suis, comment est mon cœur. Je peux vous dire comment est mon cœur avec vous : il va bien ! Parce que je sais que ce que je dis résonne avec les vraies valeurs universelles, celles de la Vie.*

*Si nous considérons notre corps physique à sa juste valeur, nous sommes en bonne communication avec la Terre. J'aime beaucoup parler du sens de la Vie. Si je commence à parler des différentes formes culturelles des peuples de la Terre, il y en a beaucoup. Et au-delà de ces formes, le sens de la Vie est le même. Pour en parler, on doit considérer deux principes, le jour et la nuit, le soleil et la lune, l'homme et la femme. Le territoire également est fondamental, le territoire du corps physique, qui comprend aussi le champ aurique, que l'on ne connaît pas forcément. Ce champ aurique a une relation avec le monde invisible, et c'est en cela que nous sommes très importants, nous, les êtres humains ! Nous sommes très grands.*
*Parlons de mathématiques : pourquoi existe le numéro un ? Parce qu'il n'y a qu'une maman ! Moi, je n'ai qu'une maman, pas deux ! C'est pour cela que le numéro un est important ! Et si nous multiplions avec les neuf générations du côté de la mère, cela fait beaucoup d'ancêtres ! Encore plus, si on additionne les neuf générations du côté du papa ! Cette énergie des ancêtres influe sur notre vie, sur ce que nous sommes ! En ces temps actuels, l'être humain lutte beaucoup : nous luttons pour refuser, résister, ou ignorer ! Pour notre peuple,*

il ne s'agit pas d'ignorer, mais d'examiner pour savoir quel ancêtre a faim à travers nous ! Et nous lui donnons à manger pour qu'il se transforme. Pour mettre de la lumière ! Je reviens à la période que nous vivons tous, ces derniers temps : beaucoup d'ancêtres, (ou énergies, ou esprits, ou informations, comme je les appelle), se sont manifestés dans le monde. Certains dans la douleur, d'autres sans douleur ! Ce qu'il nous revient de faire, c'est remercier ! Nous oublions de remercier pour notre vie, pour celle des autres. En les remerciant, nous leur offrons la grâce divine : cela est merveilleux ! »

Mamo Adolfo : « *Le sang a la même couleur chez tous les humains : rouge ! Mais si nous analysons ses composants, il y a des différences !*
*Ainsi, sur Terre, chaque culture est importante, mais nous pouvons communiquer. À travers le dialogue, nous pouvons échanger, dire ce que nous ressentons dans le cœur. Notre mission, c'est de veiller à ce que toute la population de la Terre aille bien, avec toutes ses différentes cultures, de la même manière qu'un corps physique. En même temps, nous devons veiller à ce que l'eau ne soit pas polluée, à ce que l'air soit exempt de virus, à ce que l'être humain soit en paix avec lui-même. C'est notre responsabilité. Si notre peuple va vers une extinction, la Vie sur Terre s'arrête. Ou à l'inverse, si l'humanité venait à s'éteindre, notre peuple aussi disparaîtrait. En ce sens, il faut trouver l'harmonie : c'est votre responsabilité et la nôtre. Nous sommes tous des enfants de la vie, et cet échange que nous avons maintenant, c'est pour sentir ce dialogue. C'est ce qu'il convient de faire. Et vous êtes plus importants que nous. Nous ne sommes qu'une toute petite fraction de l'humanité, mais avec une responsabilité particulière !* »

## Voici quelques questions de la salle

**Question : « Le plan énergétique, qu'est-ce que c'est ? »**

Calixto ; « *Je vais essayer de répondre. Les lieux sacrés dont on a parlé sont des points d'information. Beaucoup de personnes parlent des OVNIS et autres phénomènes étranges. Pour nous ces lieux sacrés sont des portes vers ces choses étranges, et c'est pour cela qu'ils sont importants et sacrés. Certains de ces points sont endormis, d'autres sont très actifs. Notre façon de nous en occuper dépend de notre culture. Et pour apprendre, il faudrait cheminer des années avec nous ! »*

**Question : « Est-ce que la Terre a une conscience ? »**

*Calixto ; « Oui ! La Terre a une conscience ! J'ai cinquante-cinq ans, et j'ai grandi depuis mon enfance. Le Terre aussi est en train de grandir, depuis des siècles et des siècles !*

*Il y a eu des grands moments d'inondation totale, parce que l'être humain n'allait pas bien ! C'est la vérité historique. Aujourd'hui, le changement climatique peut être en lien avec cela ! Dans l'histoire de la Terre, le soleil s'est obscurci deux fois. Et c'est aussi un processus de croissance ! Et, les deux fois, les femmes ont été responsables de la renaissance du soleil. Ce n'est pas une croyance, c'est la réalité ! Nous sommes dans cet espace-temps ! Et nous disons que c'est le moment de nous transformer, pour perpétuer la Vie plus longtemps. Tout cela s'est passé il y a des millions d'années. Et comment nous le savons ? Ce sont les lieux sacrés qui nous le révèlent ! C'est pour cela que je dis que la Terre a une conscience ! Et nous voyons la Sierra Nevada comme un territoire complet (avec tous les éléments qui existent sur Terre). Et nous demandons à ce qu'on nous laisse la responsabilité de nous en occuper et celle de prendre soin des lieux sacrés, pour harmoniser la vie sur la planète. C'est pour cette raison, non seulement pour y vivre ! Nous voulons continuer à faire nos rituels d'harmonisation ! Le territoire ancestral, pour notre peuple, c'est comme le corps d'une personne, un lieu sacré, un endroit où la Terre respire, un endroit de communication avec d'autres endroits de la planète. Sans territoire on ne peut vivre, cela est important, tout comme mon corps physique est important, mon territoire est important, il est comme mon âme. Nous nous sentons avant tout responsables de prendre soin de notre territoire, pour aider la Terre. Lorsque nous entendons parler de ce qui se passe en Ukraine, en Russie, nous savons que cela crée une contamination invisible sur la planète. Nos pauvres frères ! Nous devons les aider spirituellement ! Et c'est un travail qui se fait en plusieurs temps. Et faire cela rend notre cœur heureux ! Nous nous sentons libres, même si matériellement nous ne sommes pas très riches. Mais notre cœur, il va bien ! »*

**Question : « Comment à notre niveau, peut-on aider à harmoniser, pour tout ce qui se passe sur la Terre ? »**

*Calixto ; « C'est la grande question que se posent plusieurs milliers de personnes sur la planète ! L'important pour toi est déjà de savoir que tu existes ! J'étais en Suède, pour parler du changement climatique, il y avait beaucoup d'intervenants. Et la conclusion a été : il faut d'abord sentir que l'on marche sur la Terre. Parce que trop souvent, on ignore la Terre ! Être en contact avec la Terre et remercier ! C'est important de remercier ! Et d'abord se remercier soi-même ! Quelqu'un peut avoir de très belles paroles, mais, si son cœur souffre, cela ne va pas. Nous devons aimer notre corps physique, car le corps physique, c'est la Terre ! La Terre veut que nous nous aimions nous-mêmes, et ensuite, tout se passe bien. C'est cela le principe fondamental, qui va s'exprimer avec des formes variées, suivant les cultures, et il y en a tant ! »*

**Question : « Comment être relié pour recevoir les informations et les transformer ? »**

*Calixto ; « Les informations de la Terre ou celles des ancêtres ?
Beaucoup de peuples ignorent leurs racines. Il faut aimer son pays. Si on l'ignore, c'est comme un ver dans un fruit. Le pays, c'est fondamental. Il faut aimer ses racines, ensuite les informations viennent progressivement. Pour les ancêtres, ils possèdent des clés ! Si on leur demande depuis le cœur, les ancêtres vont nous enseigner ! Ils nous ouvrent les portes ! Pour être relié, il faut aussi avoir conscience de sa grande valeur : Il y a des jeunes, garçons et filles qui ont par nature des vibrations très élevées. Ils ont alors des informations importantes à partager. Dans le monde invisible, les « esprits » qui sont présents vont tourmenter ces jeunes, parce qu'ils voient que ces personnes ont une importance pour eux ! Et quand on ne se valorise pas soi-même, on laisse la porte ouverte, et ces esprits négatifs viennent occuper l'espace. Pour cela, il est fondamental de s'aimer soi-même ! Les personnes qui ont accès à beaucoup d'informations du monde invisible sont la proie de ces esprits négatifs ! C'est beaucoup ce qui se passe avec la jeunesse aujourd'hui, parce qu'on n'enseigne pas aux jeunes à s'aimer soi-même. Donc les esprits étrangers viennent occuper l'espace, et c'est la raison pour laquelle des jeunes se suicident. Il ne faut pas lutter avec les*

esprits ! *En fait, quand on ressent quelque chose d'étrange dans son corps physique, ou dans son mental, on doit remercier, offrir sa gratitude. Et cela libère ! La souffrance, ce n'est pas moi, c'est une information à l'extérieur de moi qui m'est communiquée pour que j'en prenne conscience, que je puisse la reconnaître puis la dissoudre. Je ne dois pas fuir cette souffrance, mais l'observer comme information et apprendre à dire merci pour cette douleur, c'est une information qui a besoin d'être libérée, il faut lui donner à manger, la reconnaître et l'offrir. En respirant profondément, j'accueille et j'offre, cela libère la souffrance et elle s'en va. Le fait de lui donner de la gratitude et ensuite de l'offrir à la Nature, par exemple, permettra la transformation ».*

**Question : « Quel avenir pour l'humanité ? »**

*Calixto ; « Les humains resteront encore très longtemps… s'ils se transforment ! »*

**Question : « En quoi le monde invisible a-t-il plus d'importance que le monde visible ? Comment communiquer avec le monde invisible ? »**

*Calixto ; « Quand nous parlons du monde invisible, nous ne parlons pas du monde invisible extérieur, mais intérieur, de l'âme !*
*Quand on s'occupe de son âme, en même temps que de son corps physique, on crée l'harmonie. Quand je parle de se valoriser, cela signifie nourrir son âme ! Et quand notre âme commence à prendre soin de notre corps physique, c'est très important ! Pourquoi nous attribuons plus d'importance au monde invisible, c'est parce que l'âme, elle a des millions d'années, elle ne meurt jamais ! Et quand l'âme quitte le corps physique, elle revient dans les mêmes lieux d'où elle est venue. C'est pour cela que nous donnons autant d'importance au monde spirituel qu'est l'âme ».*

**Question : « Comment prendre soin de ses pensées ? »**

*Calixto ; « Pour prendre soin de nos pensées, ce qu'il faut, c'est observer ! Nous sommes assez égoïstes envers nous-mêmes ! Nous ne nous donnons pas une seconde pour nous-mêmes ! La plupart du temps nous sommes tournés vers l'extérieur, pour plein de raisons différentes. Nous pourrions demander seulement quelques minutes pour nous-mêmes, pour nous remercier, pour re-*

mercier notre corps physique, même s'il est plein de douleurs, il faut quand même le bénir. Cela inconsciemment va contrôler notre mental ! »

**Question d'une Colombienne de l'assistance : « Quels conseils pour les gens qui sont loin de leur pays et ont perdu le lien avec leur peuple ? »**

*« Le plus important pour ceux qui sont loin de leur terre d'origine, c'est qu'ils n'oublient pas l'endroit où ils sont nés. Ce lieu est important. C'est la connexion ! Certains sont nés dans la souffrance, d'autres sont nés infirmes, d'autres sont nés heureux. Mais ce lien à notre naissance est important. Certains souffrent parce qu'ils ont perdu ce lien. Il faut vraiment garder cette connexion, le reste suivra ! »*

Conclusion de Calixto ;

*« Pardon si vous avez entendu des paroles désagréables ! Les jeunes sont les leaders de ce monde ! Quand vous partez d'ici, ce soir avant de vous endormir, n'oubliez pas de saluer mentalement vos grands parents. Merci ! »*

## Visite à l'Université de Liège

Quelques mois plus tard, lors d'une tournée en Belgique, Calixto était invité à l'Université de Liège, par un enseignant qui s'intéressait à la relation entre la santé humaine, et la santé globale d'un territoire et de ses écosystèmes.
Calixto a développé ce thème, en apportant l'éclairage de sa propre culture, sa manière de concevoir la relation d'harmonie avec la Terre et plus particulièrement, avec le terroir où l'on habite.

### *La santé de la planète*

*Calixto ; « Chaque lieu, chaque territoire doit être pris en considération. On doit prendre en compte tout ce qui par le passé a existé sur notre lieu et ce qui existe aujourd'hui ! Par exemple, les arbres d'origine, présents depuis toujours sur un terroir, sont indispensables à la santé de la Terre. La santé de la Terre a été endommagée par nos propres actions. On a coupé beaucoup d'arbres, on a déforesté en masse, ce qui a provoqué la fuite des animaux.*

*Les animaux aussi sont importants pour la santé de la Terre. Ils ne peuvent pas vivre sans nature, sans arbres. Que devons-nous faire maintenant pour la santé de la Terre, et notre propre santé ? Pour retourner à une situation plus équilibrée, il nous faut tout mettre en place pour sauvegarder les espèces locales, celles qui ont toujours existé sur un territoire, qu'il s'agisse des plantes ou des animaux ! Parfois on croit qu'ils ne servent à rien, mais c'est faux. Ils sont l'expression d'un lieu, ils en font partie et ils y apportent leur présence et leurs bienfaits».*

## *Les aliments*

*«Il y a deux types d'aliments : l'aliment pour notre âme et qui nourrit notre esprit. Ce sont la pensée, la réflexion. Ensuite, il y a les aliments qui nourrissent notre corps. En ce domaine, nous avons toujours suivi les habitudes de nos ancêtres. Dans chaque culture, il y a l'aliment primordial. Cet aliment doit être préservé ! Si nous perdons cet aliment, notre culture en pâtit, et également notre santé. Chez nous cet aliment, c'est le maïs ! Nous cherchons à travers cet aliment, à protéger notre culture, à garder le lien d'harmonie avec notre terre.*

*La connexion avec notre terre d'origine est pour nous primordiale ! Pour parler de la nourriture en Occident, je ne veux pas culpabiliser quiconque, et les aliments non plus ne sont pas coupables ! Mais tout dépend comment ils sont transformés, préparés. Il est essentiel pour moi que, lorsqu'on prépare notre nourriture, l'on garde une communion avec les aliments, car ils proviennent de la Terre. Il faut garder cet équilibre avec la Nature. Si nous ne sommes pas en communion avec les aliments, ils peuvent nous faire du mal. Si on essaie de les transformer n'importe comment, cela ne peut être sans répercussion sur notre santé, et sur notre harmonie avec le monde».*

En réponse aux nombreuses questions qui ont été posées, Calixto a souligné d'autres aspects de la santé globale, la santé de la planète, la santé de la Vie sur Terre.

**Question : « Que doit-on faire à un niveau individuel ? »**

*Calixto ; « Il n'y a rien à faire et en même temps, il y a beaucoup à faire !*

*Quand on veut faire beaucoup, on se fatigue, on ne pense qu'à ça ! Mon conseil est de ne pas trop y penser ! Bien-sûr, on peut prendre conscience de toute la douleur qui existe dans ce monde. Et on voudrait agir ! Tout d'abord, on peut voir ce qu'il est possible de faire à notre petite échelle, penser à soi, penser à ce que l'on peut apporter aux autres ! La première chose pourrait être de participer à un groupe, qui nous stimule et nous pousse à agir dans le bon sens. Ou alors trouver un travail en accord avec la conscience que l'on a développée. Par exemple, travailler auprès des animaux, être utile dans une association qui s'occupe des enfants malades. Nous sommes tous importants pour la planète ! »*

Ensuite Calixto s'est référé à l'expérience de son peuple, qui a toujours œuvré pour la santé de la planète.

*« Dans la Sierra, nous sommes quatre communautés indigènes qui avaient toutes la responsabilité de soigner la vie de l'humanité. Mais au fil de l'histoire de ce pays, nous nous étions trouvés désunis. Pourquoi ?
L'unité des quatre peuples était fondamentale pour le soin à la Terre ! Et nous n'avons jamais oublié nos racines, notre mission, c'est pourquoi nous nous sommes réunis, les quatre peuples, avec pour objectif la santé de la Terre !*

*Et depuis 2020, nous nous sommes à nouveau réunis ! Nous avons réussi à retrouver notre harmonie qui avait été perdue lorsque nous étions divisés !
La santé de la Terre est primordiale pour nous, et c'est toujours ce que nous mettons en avant ! Il y a eu de grandes réunions des leaders spirituels et du peuple, et dans ce mouvement, les femmes ont commencé à reprendre leur rôle dans la société ! Il y a eu de grandes réunions des femmes où elles étaient plus de trois mille. Elles ont réaffirmer et diffuser leurs connaissances, leurs savoirs. Pour nous la femme a un rôle primordial dans la santé de la planète. Lorsqu'elle est enceinte, qu'elle porte des enfants, la femme vit dans son corps, et dans tout son être, une expérience que l'homme n'a jamais connue.*

*La femme doit se reconnaître dans son pôle féminin et maternel, en lien direct avec l'énergie de la Terre ».*

Il termine en souhaitant à toutes les femmes d'avoir une bonne santé !

# Chapitre 7
## Les années 2023 et 2024

En mars 2023, Calixto était invité à Bruxelles, lors de la conférence internationale « Briser les tabous en Santé mondiale ». Cette conférence était organisée par l'organisme : « Be-cause Health », plate-forme belge de santé mondiale.

La proposition des organisateurs était d'explorer des sujets de santé qui sont souvent laissés de côté, ignorés ou abordés uniquement selon la perspective de notre mode de vie occidental actuel. D'après leur point de vue, notre conceptualisation de la santé et du bien-être est profondément façonnée par les idéologies, les dynamiques de pouvoir et les pratiques liées à la mondialisation. Et pour ces chercheurs, la voix savante des peuples autochtones apparaît précieuse pour la communauté scientifique, dans le cadre de l'approche émergente de la santé planétaire « Planetary Health ».

Lors de cette conférence, Calixto a partagé la sagesse du peuple Arhuaco et sa culture ancestrale, pour ce dialogue entre scientifiques et acteurs de la santé globale, nous rappelant l'humilité nécessaire de prendre soin de la nature en tant qu'être vivant, maintenir l'harmonie entre les dimensions spirituelles et physiques et préserver les terres.

Lors de sa visite en Belgique, Calixto s'est rendu à l'université de Liège, invité par un professeur de « Une Seule Santé » (One Health).

Voici le témoignage de Davide Ziveri docteur en psychologie sociale.

*« En tant que spécialiste de la santé globale, je participe à de nombreuses conférences et réseaux d'experts qui souvent développent un discours limité à leur propre cadre et sont donc incapables de faire bouger le système. Le cadre de la Santé planétaire, en plus de nous rappeler l'importance de l'environnement, des animaux, et de la Terre pour notre santé et bien-être (un enseignement de base chez les Arhuacos, même les enfants le savent), nous permet d'ouvrir notre horizon épistémologique. Cela n'est possible qu'à travers le dialogue avec des savoirs autres et ancestraux (qui viennent de plus loin que de notre société dite moderne), ancrés dans la nature et le territoire. La voix patiente, claire, et sage de Calixto nous aide énormément à faire bouger les idées, à nous rappeler le pouvoir de la simplicité, à apprendre le*

*respect et les soins pour le vivant. La distance entre sa vision et notre mode de vie est sans doute interpellante et elle est donc un moteur de réflexion et d'action. Et le premier pas, en écoutant nos « frères majeurs », est celui de descendre de notre piédestal pour apprendre à vivre sur la Terre ».*

Nous avions compris que, depuis la pandémie et le retour à l'unité des quatre peuples de la Sierra, les activités avaient été particulièrement éprouvantes pour Calixto. Il allait d'une réunion à l'autre, ceci quelle que soit la météo et la plupart du temps à dos de mulet. Il consacrait cent pour cent de son temps à la Mission pour la planète, dont son peuple était investi, ceci peut-être au détriment de sa santé ! Il s'avère qu'ensuite, l'année 2023 fut une année d'épreuves pour Calixto. Hélas, comme nous pouvons souvent le constater, même les grands sages sont assujettis aux affres du temps !

Aussi un malaise qui aurait été presque anodin dans nos sociétés a failli tourner au drame ! Lorsqu'on a une appendicite, il vaut mieux se trouver proche d'un hôpital plutôt que dans la montagne. Lorsque, souffrant d'importants maux de ventre, Calixto a pu se rendre dans une clinique privée, après s'être vu refuser l'entrée en urgence à l'hôpital public, l'infection avait évolué rapidement, imposant une importante intervention chirurgicale sans délai. Calixto est resté longtemps affaibli, s'alimentant difficilement, jusqu'à une deuxième opération en avril 2024, qui a pu libérer les séquelles de l'infection, et qui a permis un bon rétablissement.

Pendant tout cette période, où il restait en ville à Valledupar, à proximité des hôpitaux, il recevait les soins d'une infirmière arhuaca attentive et dévouée, Oniris, qui est devenue son épouse ! Lorsqu'il nous parle de cette période de soins, Calixto nous dit avec beaucoup d'humilité, que c'est une période où il a été amené à grandir intérieurement !

Témoignage d'Olivia :

*« Quand je pense à Calixto, je ressens gratitude et respect immenses pour son abnégation, pour la façon dont il se donne pour l'humanité et la terre, pour sa grande bonté. Il ne compte ni son temps ni sa fatigue pour courir le monde et porter la sagesse de son peuple.*
*Dans le subtil, je l'ai vu épuisé, à ne pas pouvoir boire ni manger après avoir nettoyé un lieu de la peur liée à la dernière guerre. J'ai senti qu'il libérait des nœuds dans ma lignée familiale, qu'il me soignait, me gué-*

rissait. *Sans jamais le moindre jugement, en silence, en secret, en toute humilité. Calixto, c'est pur Amour. Je l'aime et le remercie de tout mon cœur ».*

Ensuite, fin 2023, il y eu un événement à peine croyable. Grâce à une courte vidéo filmée dans la Sierra par deux jeunes Espagnols, membres d'une organisation internationale, le peuple Arhuaco s'est trouvé honoré par l'ONU du prix du jury pour ses actions envers le climat. C'était un symbole important : l'humanité amorçait-elle un début de réveil, accordant un crédit au message de sagesse des peuples premiers ?

Calixto, ambassadeur et messager du peuple Arhuaco, était donc invité à se rendre à Dubaï, en marge de la COP 28, pour y recevoir ce premier prix, qui couronnait les actions d'un groupe en faveur du climat. Bien qu'encore en convalescence et très fatigué, Calixto a cependant accepté de s'y rendre, avec Oniris. Ils ont alors reçu, au nom du peuple Arhuaco, le prix honorifique de l'ONU. Lors de cette cérémonie officielle, Calixto a prononcé un discours dans un grand respect pour les institutions internationales qui les accueillaient.

*Réception du prix décerné par l'ONU à Dubai*

C'est grâce à la grande générosité d'une de leurs amies espagnoles, Carmen, que l'argent nécessaire pour tous les frais qu'il leur revenait d'assumer pour s'y rendre (billets d'avion pour deux personnes depuis la Colombie, hôtel à Dubaï ...) et les frais d'accompagnement pour elle qui allait assurer la traduction. Elle a donc rassemblé en urgence la somme nécessaire, grâce à l'avance qu'elle a pu faire et à une tombola qu'elle a organisée auprès de ses amis.

En septembre 2024, Calixto et Oniris ont tenu à honorer une invitation pour participer à l'événement « Climax festival » à Bordeaux. Cet événement, qui a lieu chaque année depuis dix ans, était organisé dans l'espace « écosystème Darwin », lieu magique en plein cœur de la ville, qui fourmille de centaines de belles initiatives, toutes orientées vers la fraternité, la résilience, la foi totale dans le futur. Parmi ces multiples initiatives, un village d'accueil pour immigrés, des boutiques variées proposant des denrées bio, ou des chaussures recyclées par une entreprise présente sur le lieu. Les grands hangars de cette ancienne caserne militaire réhabilitée en éco-site, abritent les bureaux de dizaines d'entreprises innovantes et branchées sur l'écologie. Aussi, à peine sortis de l'avion, Calixto et Oniris pouvaient se sentir dans un espace social, jeune et créatif, déjà en marche vers la grande mutation, qui sera nécessaire pour les sociétés de demain : Un lieu privilégié pour parler des projets en cours dans la Sierra (notamment celui du Collège et centre culturel de la Tradition arhuaca) et rencontrer des partenaires potentiels pour aider à leur financement ! Lors des trois jours de Climax festival, ils ont figuré parmi les grands invités pour participer à des conférences, qui cette année avaient pour thème « la Paix et le Climat ». Le programme comportait des tables-rondes regroupant divers intervenants, sur des thèmes ciblés tels que « La paix avec la nature », « Le dialogue entre les différentes spiritualités », « Le rôle des femmes, « guerrières » pour la paix ».

Témoignage de Guillaume :

*« Lors du festival Climax de Bordeaux, je me tenais dans l'assistance pour la première intervention de Calixto sur le thème « Dialogue inter-spirituel pour la paix ». Durant la première partie de cet échange, la parole a été donnée à plusieurs invités. Tout en prêtant une oreille attentive et intéressée aux paroles des différents intervenants, j'observais Calixto. Je le voyais immobile, patient, presque absent et en même temps très concentré.*
*Puis l'animateur de cette table ronde a posé une première question à Calixto et, après un « Bien » habituel de ses prises de paroles, il m'a semblé voir un tout autre homme. Une force, une vivacité et une énergie incroyable émanaient de lui et de ses mots. Elles m'ont touché au plus profond de mon être, générant une grande vague d'émotions.*
*À l'issue de l'intervention, j'ai raconté mon expérience à Calixto, qui m'a répondu, avec tout son humour et sa gentillesse, qu'il s'était retenu car il ne voulait pas me voir pleurer ».*

*Calixto et Oniris avec Jean Pierre Chometon, directeur de la revue Natives*

Voici un récit de Florence qui témoigne, avec humour, d'une première rencontre avec Calixto et Oniris et nous permet de nous plonger dans l'ambiance de ce festival.

*« Partie une semaine en mission de bénévolat pour préserver les océans avec l'association Wings of the Ocean, loin de ma ville, j'ai appris qu'un événement sur le climat et la paix devait se dérouler le week-end suivant. Je regarde le programme et là, je m'arrête sur la photo de Calixto. Captivée, je lis plus en détail. Le soir en me couchant je repense à cette photo qui revient dans mes pensées avec cette énergie qui m'attire magnétiquement. C'est décidé, j'irai ! Toute excitée d'aller au festival Climax avec mes camarades bénévoles, je rentre dans l'enceinte et là, la foule joyeuse et engagée est très animée. J'aperçois assez rapidement Calixto et Oniris, parés de leurs tenues remarquables, tout de blanc vêtus, paisiblement assis à une table de restauration. Oui, une bulle de paix les extrait tout à fait de la cohue environnante. Enchantée je souris à Calixto, qui, lui, détourne les yeux, semblant ne pas voir mon sourire ni mon enthousiasme. Je ris encore de cet instant où je me dis que la prise de contact que j'ai tant envie dans mon cœur, n'est pas gagnée !*
*Puis je vais au stand où la revue Natives et des représentants de peuples racines vendent des objets ramenés de leur lointaine province.*

*On me dit qu'une présentation a lieu où Calixto et Oniris sont présents ainsi que Ludmila Oyun, chaman de Sibérie. Ils mêlent leurs coutumes et leurs vêtements si inhabituels et mystérieux, pour un échange spirituel très enrichissant. La foule derrière émet un brouhaha incroyable, mais je suis captivée par les mots des traductrices présentes et la présence charismatique de Ludmila, Oniris et Calixto.*
*Puis je reviens au stand et j'échange trois ou quatre mots en espagnol (et oui je ne parlais pas du tout espagnol !) avec Oniris. Voyant la communication sans issue, elle me montre avec une immense gentillesse les photos de son peuple et de la Sierra Nevada. Je remercie beaucoup Oniris, à qui je voulais parler de communication et de messages à transmettre !*
*Puis j'attends la conférence « Pour un pacte de paix avec la Nature ». Nous retrouvons Ludmila, Samaï Gualinga, Oniris et Calixto.*
*Sabah Rahmani anime cette conférence. Ludmila nous explique pourquoi et comment demander la permission de prélever tout élément de la Nature et remercier ensuite.*
*Samaï explique les difficultés de son peuple en raison de l'exploitation de son territoire par des hommes inconscients.*
*Puis Oniris et Calixto sont interrogé à leur tour. Calixto parle de paix intérieure, de joie, de danse... Ce ne sont pas les mots qui me touchent le plus, mais leur présence, leur sourire, cette paix qu'ils transmettent, qui m'atteint profondément, et cela malgré le tumulte extérieur. À la fin de cette conférence, avec toutes ces paroles prodiguées généreusement, nos cœurs sont inondés et débordants !*
*Puis quelques jours plus tard, je vais à Paris pour leur dernière conférence de ce voyage. Encore très enthousiaste, je fais le voyage seule. J'arrive sur le lieu et je les aperçois assis à une table. Je souhaite les saluer avec une grande joie qui m'anime, et je m'adresse à eux : « Hola ! » avec un grand sourire. Et puis c'est tout ! Que dire de plus lorsque l'on connaît trois mots d'espagnol ? Cela me fait rire, car j'ai envie de communiquer, d'échanger, de me présenter et surtout de leur transmettre mon envie d'aider à passer leurs messages ici, une belle volonté qui commence et finit ce jour-là par « Hola » !*
*Je suis complètement ravie de ces rencontres qui vont au-delà des mots, j'ai pu m'imprégner de leurs énergies, de leurs paroles (traduites !) et j'en suis très heureuse. Cette rencontre m'a ouvert vers une autre dimension des humains sur cette planète et je remercie le ciel d'avoir organisé cela, je remercie Calixto et Oniris de faire ces voyages qui peuvent toucher des personnes si différentes. Et ces rencontres me permettent d'essayer de mettre en pratique leurs enseignements et ont accéléré et augmenté mon envie de*

*transmettre leur message dans le cadre de mes activités.*

*Et je me suis mise à étudier l'espagnol ! Merci à ce peuple pour tout ce qu'ils transmettent, en cela se trouve la richesse et la beauté de l'homme. Ainsi ces messages nous guident vers l'harmonie avec les éléments et êtres de la Nature, dont nous faisons partie intégrante, et aussi avec notre Terre, tant aimée.*

*Il y a tant à faire pour retrouver cette harmonie sur Terre et je suis si heureuse de pouvoir participer tel le Colibri. Je remercie Calixto, Oniris et le peuple Arhuaco pour tout ce qu'ils font chaque jour pour préserver la Vie sur Terre ».*

Au cours de l'événement Climax, Calixto et Oniris ont accepté d'offrir à un groupe d'une radio locale branchée sur la musique, une belle interview dont voici la teneur.

*Calixto ; « La musique et aussi le sourire sont des chemins qui mènent vers la Paix ! Pour notre peuple, il y a deux types de musique : la musique pour se divertir et pour danser, et la musique sacrée.*

*Pour nous, la musique sacrée est en relation avec la Nature et il en est ainsi dans beaucoup de cultures. La musique sacrée qui soigne, a son moment spécifique, pour se mettre en lien avec la Terre. Les oiseaux ont un temps spécifique pour chanter, les vents aussi ont leur temps spécifique pour chanter, et aussi la rivière. Lorsqu'il y a une catastrophe, souvent on la perçoit dans le son de la rivière, et aussi dans le vent, dans l'air ! L'humain aussi va avoir des moments pour chanter, des musiques qui soignent, qui guérissent les maladies.*

*Dans la Sierra, qui a différents niveaux, nous avons constaté qu'avec les changements climatiques, même en altitude, le chant des animaux change, et cela nous préoccupe ! Cela vient de l'exploitation de la Terre dans les zones plus basses de la montagne.*

*Lorsque nous chantons, c'est pour exprimer de la joie. L'être humain, de quelque culture qu'il soit, ne devrait pas se programmer pour chanter. Le chant doit être spontané, et ainsi, c'est l'expression de l'âme. Ce sont des moments où l'âme rencontre le corps physique, et le chant vient spontanément ! »*

*Oniris ; « La musique, c'est universel ! Quand une personne va chanter il y a une dimension émotionnelle, corporelle et aussi un soin du mental… La nature chante sans cesse, mais l'être humain est celui qui va manifester le plus de joie. Il y a des chansons qui vont exprimer une tristesse, mais même pour celles-là, quand on va les chanter, c'est alors la joie qui nous anime. Dans notre peuple, nous allons toujours chanter la joie».*

Puis, lors des jours qui ont suivi le festival Climax, les rencontres se sont succédé. Il y eut d'abord un bel accueil à Cahors, où la salle de cinéma était pleine pour un débat précédé par la projection d'un documentaire d'interviews de Calixto, sous-titré en français et réalisé par Aymeric de Valon.

Puis le lendemain, nous étions heureux d'être réunis à nouveau au Jardin de Safran, pour une soirée de rencontre-conférence. Bien sûr, il nous a livré des messages d'une grande profondeur, liés à son expérience toute récente d'épreuve de santé. Ses paroles, et les compréhensions qu'elles contiennent, sont une aide tellement précieuse pour chacun, sur nos chemins de croissance. En voici quelques extraits ;

*« Le peuple Arhuaco se réfère toujours à son origine. Qu'est-ce que l'origine ? L'origine, c'est l'essence, c'est ce que nous ne pouvons pas voir avec nos yeux, ce que nous ne pouvons pas toucher avec nos mains.*

*À partir de cela, nous sommes tous très importants dans ce monde, quelle que soit notre culture ! Nous pourrions dire que nous sommes les cellules de ce monde, ou encore de la planète, ou de la Vie...*

*De ce point de vue, nous sommes importants pour la Terre. Ce n'est pas «certains plus et d'autres moins», nous sommes Tous très importants. Nous avons seulement besoin d'un peu plus de Conscience. La conscience avec la patience ! Parfois nous n'avons pas de patience, c'est comme si nous voulions manger des fruits trop vite sans respecter leur temps de maturation. Il nous faut être patients !*

*Si on agit avec conscience mais qu'on n'a pas de patience, souvent cela ne va pas marcher. Donc c'est très important de comprendre cela. Et cela, nous pourrions l'appeler le début de la Connaissance !*

*Et qu'est-ce que le savoir ? Le savoir vient de l'expérience que l'on a chacun par soi-même ! C'est aussi tout ce que m'ont enseigné mes parents, grands-parents, mes ancêtres. Et j'insiste sur cela, parce que souvent nous sommes dé-*

*connectés de ces savoirs. Cette connaissance est importante, c'est celle de notre éducation, de notre formation.*

*Une autre ligne de savoir pourrait venir de notre perception et de notre sensibilité par rapport aux mondes invisibles. Et c'est magnifique de vivre sur la Terre, c'est très beau !*

*Beaucoup de personnes sur cette planète se demandent comment être en contact avec la Nature. Je réponds toujours : il n'y a rien à faire ! Parce que celui qui veut faire trop de choses n'y arrive pas !*

*Je rends grâce à mon peuple, considéré comme un peuple de paix, un peuple de tranquillité et d'harmonie. Cela ne signifie pas que nous sommes tous ainsi, mais c'est vraiment la raison de notre existence. Et ce peuple souffre !*

*Nous disons toujours que quand des humains souffrent, nous aussi nous souffrons. Parce que nous sommes tous importants pour la Terre. Mais la vie est ainsi ! C'est pour cela que nous venons sur Terre ! Pour nous aider les uns les autres, sans nous calomnier, sans nous culpabiliser. Et cela représente une ligne de savoir : comprendre la globalité de l'Humanité. Donc nous avons trois aspects très importants pour nous, dans l'existence quotidienne.*

*Une de ces lignes importantes est celle des femmes. Pour nous, elles représentent symboliquement la planète Terre. À travers les femmes c'est la ligne de l'éducation. Pour nous, quand une femme parle, ou lorsqu'elle devient leader, elle nous oriente, elle nous guide : nous interprétons toujours que c'est la Terre-Mère qui nous parle, et non la personne !*

*Une autre ligne importante, celle des chefs que nous avons coutume d'appeler les autorités. Ils mettent en valeur les messages que les femmes ont apportés. Nous les considérons alors comme des messagers, et aussi ils organisent. La troisième ligne importante est la spiritualité. Qu'est-ce que la spiritualité ?*

*Il s'agit que chacun suive son chemin en conscience et fasse les choses comme elles doivent être faites. La spiritualité n'a pas de dimension, la spiritualité, c'est le Tout ! Elle n'a pas de frontière. Elle va bien au-delà du corps physique, là où il n'y a ni bien, ni mal, ni haut, ni bas. Et cela ce sont les trois lignes importantes à respecter pour continuer à être un peuple d'origine. À vivre l'expérience spirituelle, parfois on ressent que le monde souffre !*

*Un petit garçon, ou une petite fille, qui serait sur le chemin spirituel va connaître la souffrance : il souffre lorsque les autres êtres humains souffrent. Il souffre lorsqu'il n'y a pas de fluidité de l'énergie universelle. Alors nous faisons ce que nous appelons une harmonisation. Nous nous asseyons et nous méditons pour que l'énergie commence à être plus fluide. Et, à ce moment-là, les messages qui doivent arriver vont venir ! Et ainsi, cela permet d'atteindre l'harmonisation ! Quand il y a eu la fameuse pandémie du Covid, nous avons fait un travail d'harmonisation pour la planète, très spécifique, en relation avec les différents continents, pour que l'être humain ne souffre pas. Parce que si l'être humain de la Terre souffre, les messages que nous devons recevoir de l'Univers ne peuvent plus atteindre la Terre. Pour cela, toute la communauté a fait un travail spirituel particulier. Nous en faisons également pour le problème du réchauffement climatique.*
*Et pour cette raison, nous faisons appel à l'Humanité !*
*Quand j'ai commencé à voyager, comme j'étais un peu préparé dans le domaine de la spiritualité, parler n'était pas très important pour moi (moins important que pour les autres !), le plus important était ma présence ! Être présent ! Et faire moi-même un travail depuis mon être intérieur ! Souvent quand notre corps physique est malade, cela nous emplit de peurs !*
*Et il ne devrait pas en être ainsi : Il faut affronter la maladie avec notre propre courage, notre force intérieure. C'est très important, même si cela n'est pas visible.*
*Le miracle naît au fond de soi pour chacun. C'est le miracle qui cherche alors la personne. Ce sont des choses simples mais c'est ainsi. Et c'est important. Pour rester un peuple d'Origine, avec une culture autochtone, nous avons chacun notre façon de faire. Chaque peuple a sa manière de comprendre la vie et toutes ses composantes. Avec toutes ces différentes formes propres à chaque culture, les peuples autochtones peuvent avoir soit une vibration basse, d'autres une vibration moyenne, ou haute, et d'autres très, très haute. Il y a des vibrations qui nous amènent vers l'union, et d'autres vibrations de l'Univers qui nous amènent à nous diviser. Moi, j'aime les vibrations qui nous amènent à nous unir au-delà des formes culturelles.*

*Réunion spirituelle dans la communauté arhuaca*

*Par exemple à un niveau individuel pour les êtres humains, certains vont avoir envie de dormir longtemps, et d'autres n'aiment pas dormir beaucoup. Et entre ces personnes peut se créer un conflit, seulement pour cette raison ! Que doit-on faire : parler, dialoguer ! C'est simple !*

*Et pour nous, pour dialoguer il y a des manières de le faire, parfois aussi on trouve des solutions sans dialoguer. Mais, si nous voulons rester dans l'essence des choses, il faut dialoguer. Si ma compagne dort beaucoup plus que moi, je ne vais pas la déranger. Je peux aussi l'accompagner dans son sommeil. Ou au contraire, je vais dormir moins et travailler plus… C'est la conscience. Et c'est comme cela aussi pour la planète. Il y a des vibrations basses ou moyennes, et si je m'agrippe à ces vibrations basses ou moyennes « je suis, je veux, je fais… », cela s'appelle l'ego !*

*Et nous ne sommes pas là pour faire ainsi : si nous sommes dans une vibration haute, l'information, ou énergie universelle, viendra toujours nous aider et nous amener à une nouvelle transformation. Elle s'invitera même lorsque nous dormons. Et cela est beau ! L'important c'est l'état de tranquillité, la paix en nous-mêmes ! Alors que faisons-nous ? Nous ne devons pas fuir, ni nous cacher. Toujours rester en paix ! Nous devons toujours regarder en face ! Maintenant, j'aimerais entendre vos questions ! »*

Une femme de l'assemblée : « *Merci pour votre message, l'espérance pour la vie. Nous aimerions arriver au niveau où vous en êtes ; je suis heureuse de savoir qu'un tel lieu a été préservé. Est-ce que vous pensez que nous pouvons arriver à une telle conscience ?* »

*Calixto ; « Bien-sûr, parce que la Terre a encore beaucoup de temps à vivre ! La pulsation qui anime la Terre est encore très forte. Ce qui veut dire que l'Humanité sera là encore longtemps ! Même si nous, nous partons ! Un peu plus tard, dans le futur, il y aura un grand changement, parce que les nouvelles générations viennent avec d'autres messages, d'autres informations de l'Univers. Et les jeunes qui sont là sont porteurs de ces messages, et quand ils auront des enfants, les enfants auront des informations encore plus importantes et ainsi les informations de l'Univers vont nous arriver. Et cela fera élever le niveau de conscience général.*
*Pour vivre en paix, il faut que nous nous respections dans nos différences et c'est ce que nous avons à transmettre aux générations futures. Aussi, la communication a une grande valeur, la communication de l'aïeul avec son petit-fils et vice-versa. L'essence qui nourrit nos âmes c'est la communication ! »*

Puis la tournée abrégée selon leur souhait cette année, les a conduits à Paris où des rendez-vous avaient été pris auprès d'ONG, pour présenter le projet de collège. Ils ont pu également honorer leurs amis parisiens avec une soirée-conférence donnée à la villa des Créateurs, dans le dix-huitième arrondissement.
En voici quelques extraits, Calixto ;

*« Le principe du savoir, comme nous le vivons, c'est le lien avec l'esprit qui habite chacune de ces montagnes. C'est le principe même de notre existence ici, notre contact avec la Terre, avec les montagnes, l'eau, les êtres vivants. L'exploitation par les compagnies minières ne s'y est pas développée, mais, si cela arrivait, ce serait la fin de la planète. C'est pourquoi nous sommes très protecteurs pour ce lieu : nous faisons attention à tout ce qui nous entoure. C'est notre vision, notre Mission, notre raison d'exister. Voir mourir une montagne nous préoccupe plus que voir mourir une personne, et il en est de même pour l'eau qui alimente les villes au pied de la montagne. Également, il y a*

*des montagnes qui représentent la Terre entière. Cela a une place importante dans notre façon de penser. Quand il y a un déséquilibre entre ces mondes, la communauté entière se met à prier, à méditer, pour que l'harmonie revienne ! Il en est de même lorsque la peur est présente sur la Terre.*
*C'est cela le peuple Arhuaco. C'est notre façon de penser ! »*

Ensuite Oniris a pris de l'audace pour oser parler, devant ces nouveaux amis occidentaux, de son expérience ce jour-là à Paris : les allées et venues dans un monde qu'elle ne connaissait pas et en particulier dans les métros bondés, la bouleversaient. Venant pour la première fois, elle n'était jamais allée dans une grande ville et elle repensait à ses amis de là-bas, lorsqu'ils arrivent en ville, venant de la montagne !

*Calixto et Oniris*

Elle témoigne ainsi de son ressenti de la vie parisienne ;

« *Tout est très rapide, très rapide. Nous, nous sommes très lents pour tout ! On ne mesure pas le temps. On pense que le temps fait partie de nous-mêmes ! Nous n'avons pas la même relation au temps : pour nous, le temps marche et nous, on est là !*
*Je pense à mes amis qui se diraient : mais qu'est-ce que c'est que ça ? C'est très bizarre ! Je suivais le groupe, qui se pressait dans le métro : en bas, en haut, et encore… Je ressentais beaucoup de pollution et cela m'étouffait.*

*Beaucoup d'odeur de cigarettes ! C'est une expérience unique, quelque chose d'extraordinaire pour moi ! Et je me disais : comment les gens de la Sierra vivraient cela ? À la montagne, il n'y a pas de bruit. Au niveau physique cela allait, mais mes pensées s'embrouillaient ! Cela me fatiguait de voir tout ce monde, voir, voir, voir, je me sentais épuisée. Je n'étais jamais allée à l'étranger, ni même à Bogota. Mais aussi je voyais des personnes âgées très courageuses».*

Le surlendemain, après avoir salué la Tour Eiffel, par respect pour l'accueil de notre peuple de France, ils ont repris leur avion, satisfaits des rencontres qui avaient eu lieu sur le sol européen. Elles permettraient, avec les contacts établis, de rendre plus réelle une collaboration transculturelle qui sera l'emblème du projet cher aux Mamos, le centre culturel qui va se créer dans la Sierra.

*Réunion spirituelle des femmes arhuacas*

# Chapitre 8
## La vie traditionnelle dans la communauté arhuaca
### Le rôle des femmes

La présence d'Oniris, l'épouse de Calixto, lors de cette récente tournée, nous a permis d'approcher intimement et de manière concrète, la culture arhuaca, dans la vie quotidienne des villages de la Sierra, et plus spécialement le rôle de la femme.

*Calixto et Oniris*

*Oniris ; « La femme dans ma communauté a une parole importante. Quand il y a une réunion familiale, on la considère comme celle qui dirige la maison. Pour cette raison, son rôle est très important. La femme arhuaca doit œuvrer pour que les connaissances millénaires ne se perdent pas ! Elle a un rôle spécifique et l'homme aussi. Les femmes arhuacas ont une grande responsabilité dans l'éducation des enfants : d'abord, elles gardent leurs enfants auprès d'elles jusqu'à l'âge de sept-huit ans. C'est à la femme que revient la responsabilité d'enseigner à l'enfant toutes les valeurs et les bases de la culture traditionnelle, aussi bien aux garçons qu'aux filles, ce qu'ils doivent faire et aussi l'aspect spirituel. La mère enseigne et le père complète ! Le père emmène son garçon aux champs, il lui enseigne alors les travaux masculins, et aussi le tissage de ses vêtements !*

*À une fille, la mère enseigne aussi le tissage, pour faire ses vêtements. Elle lui montre les travaux de femmes. Pour les vêtements, ils sont très codifiés depuis la naissance. C'est un processus culturel. Il change au cours de la croissance. Pour arriver à un vêtement comme celui que porte Calixto, il y a plusieurs étapes progressives, et c'est ainsi que l'on identifie les étapes de la croissance, depuis le petit garçon, l'adolescent, le jeune et enfin l'adulte. Ce sont des habits millénaires. C'est l'homme adulte qui porte le chapeau blanc, et la belle tunique ! L'enfant porte l'habit qui correspond à son âge, ceci en lien aussi avec sa croissance spirituelle. Le vêtement des femmes est également marqué de plusieurs étapes, petite fille, jeune fille. La femme adulte porte une robe blanche doublée, différente de celle de la jeune fille ! Et c'est une responsabilité pour nous les femmes, que celle de former les enfants dans ce processus.*

*À notre époque les coutumes peuvent un peu changer : on peut utiliser des tissus achetés, et fabriqués industriellement, mais certaines femmes continuent à tisser complètement leurs vêtements. Et lorsque, dans sa famille, il y a un enfant qui est destiné à devenir un chef spirituel pour la communauté, c'est elle qui a la responsabilité de le préparer à ce rôle. En effet, ces enfants ont des conditions de vie très spéciales. Ils ne mangent pas la nourriture que nous mangeons. Ils ne doivent pas être contaminés par des influences de la culture occidentale.*

*Jusqu'à un certain âge, la mère le porte toujours dans ses bras. Lorsque l'enfant se prépare à ce rôle spirituel, la transmission commence dès l'enfance. On le sépare des autres, et c'est la mère qui doit faire en sorte que l'enfant puisse accomplir toutes les étapes du chemin, pour devenir un leader spirituel. Elle doit veiller à ce qu'il ne soit pas pollué par des influences extérieures. Il lui faut aussi l'emmener dans des lieux particuliers. Lorsqu'un de ces enfants tombe malade, mon travail d'infirmière est aussi de veiller à les protéger.*

*Quand ces enfants viennent dans notre maison de santé, nous nous occupons de leur nourriture, et aussi nous devons expliquer au personnel soignant des hôpitaux et cliniques que ce sont des enfants différents des autres, et qu'ils doivent avoir une nourriture très spécifique».*

## Les valeurs transmises dans l'éducation des enfants

Lors de la conférence donnée à Paris, Calixto complète la parole d'Oniris en expliquant les valeurs de base que l'on enseigne aux enfants.

*Calixto ; « Quand j'achète des habits neufs à mes enfants, je leur dis «Cet habit est neuf, tu as le privilège de l'avoir», et je leur rappelle aussi que le coton vient d'une graine et de la plante née de cette graine. Tous les éléments de la nature, tout est mis en œuvre pour que l'on puisse fabriquer nos vêtements et nous sommes les derniers de la chaîne à en profiter. Au fur et à mesure les habits deviennent vieux et lorsque je les jette, je les remets dans le cycle des transformations de la vie, je fais une offrande. La pluie, les étoiles, l'humain, l'usine, l'eau, ont travaillé pour faire grandir la plante, et avant d'utiliser l'habit, il va falloir remercier à travers mon corps et la respiration ; mon corps est sacré, c'est le sens de la valeur que l'on enseigne en lien avec la nature. Dans l'éducation des enfants, on leur apprend beaucoup le respect. Le respect aux plus âgés, parce que les anciens ont la sagesse, une sagesse vivante !*
*Par exemple, quand l'enfant va au champ pour faire des récoltes, ils vont, au retour, en apporter une partie aux anciens. C'est ainsi qu'on leur enseigne, pour qu'ils gardent un lien très fort avec les personnes âgées. Et en retour, les aînés vont leur transmettre un enseignement spirituel : par exemple, pour l'enfant qui va apporter de la nourriture à un ancien, celui-ci va lui deman-*

der « Qu'est-ce que tu as pensé sur le chemin pour venir ici ? » L'enfant va répondre. L'aïeul lui dira « Si tu as eu des pensées harmonieuses, c'est bien, il faut continuer ! Mais si ta pensée n'est pas en harmonie, tu peux tomber malade, et aussi les esprits négatifs peuvent alors t'influencer ! C'est notre manière d'éduquer ! »

*Et quand il y a des situations problématiques, on fait une analyse communautaire. S'il s'agit d'une incompréhension entre parents et enfant, on écoute l'enfant parler, le père, la mère. Où se trouve le blocage ? C'est l'enfant ou le parent ? Parfois le dialogue est bloqué. D'où l'importance de dialoguer ! Ce qui compte le plus, c'est le respect de chacun envers l'autre. Pas seulement dans sa famille, mais envers n'importe qui ! Si un enfant manque de respect pour un ancien, il y a une punition avec plusieurs jours de jeûne. Pour qu'il médite ! C'est notre manière d'éduquer. Il doit aussi avoir un respect pour la Nature : par exemple, si on donne une machette à l'enfant lorsqu'il va travailler au champ, s'il s'en sert pour couper des arbustes le long du chemin, on le réprimande. De même, s'il fait rouler des pierres, ou s'il tue un animal. Il y a beaucoup de choses que l'on enseigne ainsi. L'éducation, c'est aussi apprendre à écouter, pas seulement entendre : s'écouter soi-même et écouter les autres ».*

Puis il revient sur l'éducation spéciale des enfants destinés à être Mamos, en parlant de ses propres souvenirs d'enfance.

*« Pour les enfants qui vont devenir des leaders spirituels, ils ont une autre forme d'éducation, plus rigoureuse. Parfois l'enfant ne peut comprendre dans sa tête ce que lui demandent ses guides spirituels. Mais les anciens le savent ! Par exemple, pour moi, quand on me demandait de me lever à une heure du matin, au moment où le sommeil est si agréable, pour aller faire un rituel d'harmonie pour l'Europe (c'est huit heures du matin en Europe), j'y allais à moitié endormi. Mais c'est notre manière de voir le Monde. S'il ne le fait pas, l'enfant peut tomber malade ! Dans la vraie vie, c'est beaucoup plus difficile. L'enfant, avec ses pensées d'enfant, ne comprend pas les exercices des Mamos, les recommandations données, alors les parents montrent ou bien prennent la main de l'enfant pour effectuer avec lui, le rituel ou l'offrande. Quand on est petit, on a l'impression qu'on nous demande beaucoup d'attention pour les*

*gestes des rituels, on pense : « Pourquoi nous sommes les seuls à faire ce travail ; mais que fait l'humanité, alors ? » Le Mamo nous disait de ne pas manger de viande pendant une période, mais j'avais envie de manger de la viande, je ne voulais pas me priver sans savoir pourquoi. Là, les anciens ou les parents me disaient de respecter la discipline, les règles. Comme ça, je serai bien et heureux quand j'arriverai dans l'autre monde ; c'était dur à comprendre pour moi, je voulais être heureux ici, maintenant !* (Calixto rit)
*Nous les Mamos, nous nous réveillons vers minuit, c'est notre début de journée qui se termine vers treize heures, les anciens font ainsi depuis toujours pour respecter les courants positifs d'informations, propres au lieu où nous vivons, nous pouvons alors déconstruire nos pensées qui seraient défavorables, afin de nourrir nos âmes positivement, seulement pendant cette plage horaire… ensuite de treize heures jusqu'à minuit on peut profiter de la vie, mais notre vrai temps de travail est de minuit à treize heures. C'est notre façon de penser ! Ces travaux spirituels peuvent nous donner de l'importance car, enfants, nous faisions beaucoup de rituels. Parfois, une impression glorifiante peut s'emparer de l'enfant (c'était mon cas), avec la sensation d'être le meilleur. On ne se rend pas compte qu'on nourrit ainsi l'ego d'une manière subtile. Voilà pourquoi je me rappelle qu'il n'est pas facile d'être enfant auprès d'un maître, de se sentir un enfant spécial. C'est seulement en grandissant que l'on découvre que toutes les informations reçues élargissent notre compréhension de la vie, que ces notions de bien et de mal se fondent dans un tout plus grand, qu'une plus grande sensibilité intérieure se développe chaque jour. Cela me changeait à l'intérieur, mais je ne connaissais toujours pas Dieu, l'extérieur restait le même, mais moi je changeais doucement, à mon échelle, à l'intérieur de mon être. Je me rapprochais de Dieu doucement, dans mon cœur, avec confiance, sans peur de vivre ou de mourir… Cela est possible pour chacun de nous, à partir de notre cœur. Nos différences feront de nos vies des compréhensions différentes, car nous sommes différents, c'est la vie qui veut ça ! Je peux dire comme d'autres enfants, que je n'ai pas vraiment été heureux dans mon enfance mais que maintenant, je suis toujours heureux ! Ce processus qui a grandi en moi depuis tout petit, me rend tel que je suis aujourd'hui, heureux d'être vivant sur cette*

*terre, de servir mon peuple. Ce processus ressemble à la longue préparation d'une terre pour la rendre fertile... et je respecte réellement les traditions indigènes, c'est ainsi que je le vis maintenant !*

*Beaucoup de cultures indigènes ont ces principes de valeurs : développer un cœur humain sensible à l'intérieur, une terre sensible à l'intérieur qui nous harmonise avec tout. Et là, le miracle nous cherche, seulement là ! L'extérieur est ce qu'il est, je dois accepter ! Il en est de même pour ma vie : mon corps est fragile, je peux mourir à l'instant, mais cette sensibilité qui m'appartient à l'intérieur, m'apporte la paix et me permet de mieux comprendre tout cela, en regardant différemment, en harmonisant tout mon être».*

Baptême d'un nourrisson

**Question : « Comment sait-on qu'un enfant a un destin spirituel ? »**

*Calixto ; « Trente à quarante jours après la naissance d'un enfant, il y a un baptême, avec la présence de plusieurs leaders spirituels qui vont étudier l'âme ou l'esprit de cet enfant. C'est à ce moment-là que se fait le diagnostic. Et c'est comme cela que commence le processus ! L'heure de naissance des enfants est de ce fait importante. Souvent nous, les Arhuacos, nous demandons «À quelle heure êtes-vous nés ?»*

*En fait, nous demandons à la Terre, selon l'heure de naissance d'un enfant, qu'est-ce qui est bon pour lui. La culture des anciens Arhuacos considère que mon peuple est responsable de tout, de la Terre mais aussi des roches, des plantes, des animaux et du ciel, de l'eau, de tous les univers, c'est une grande responsabilité. Tous les peuples indigènes ne sont pas comme cela, mais pour les Arhuacos, c'est notre tradition ancestrale. Cela demande à mon peuple plus d'engagement sans juger, sans condamner, juste être responsable, c'est notre tradition. Et pour les enfants, cette discipline reste très rigide au quotidien».*

# La vie communautaire

*Oniris ; « Nous sommes une communauté de paix, un peuple qui a toujours été spirituel, une communauté de dialogue. Quand il y a un différend au sein de la communauté, on l'expose devant le peuple. Deux personnes sont là, pour juger : deux chefs spirituels, et aussi des représentants des autorités de notre peuple. Ils essaient d'arranger la situation, qu'elle soit familiale ou entre plusieurs familles.*

*Quand il y a une difficulté dans le monde, une catastrophe, le peuple s'assied, et entreprend un travail spirituel. Nous faisons des offrandes à la Terre-Mère. Pendant l'époque du Covid, notre territoire est resté préservé, nous n'avons pas eu la maladie ! Seulement ceux qui vivaient à l'extérieur de la communauté l'ont eue.*

*Nos sages et nos médecins traditionnels ont fabriqué des remèdes ancestraux, pour que le Covid n'arrive pas jusqu'à nous. Nous prenions le matin une infusion et une préparation fabriquées par nos médecins traditionnels et ces remèdes étaient distribués à tous.*

*Accueil dans un village*

*Quand on a un problème personnel, cela veut dire que l'on ne pense pas les choses de la bonne manière. Alors chez nous, nous méditons pour comprendre ce que nous ne faisons pas de la bonne manière, parce que, dans le fond de nous-mêmes nous savons ce que nous faisons bien ou moins bien. Nous devons penser à ce qui nous affecte dans la vie, et nous arrêter pour cela, sans attendre. Nous nous arrêtons pour méditer, pour que cela n'affecte pas notre évolution future. Que cela ne crée pas de perturbation, ni envers moi ni envers les autres. Très souvent nous savons d'où viennent les problèmes. On ne peut les esquiver. Donc il faut canaliser ce que nous sommes en train de faire. Nous devons faire une évaluation pour voir comment dépasser ce problème».*

## La maison de santé (Casa de paso)

La maison de soins, «Casa de paso», dans laquelle Oniris travaille, et dont elle a eu la fierté de nous parler, est une structure d'accueil dans la ville de Valledupar (au pied de la Sierra Nevada de Santa Marta, versant nord). C'est un très beau concept : les personnes accueillies (toutes de l'ethnie arhuaca) viennent bénéficier des soins occidentaux nécessaires pour des pathologies graves. La plupart ne connaissent pas l'espagnol et beaucoup ne sont jamais allés en ville, et n'ont jamais dormi sur un lit.
Le centre offre l'hébergement et la nourriture adaptés aux peuples de la montagne et accueille la visite d'un médecin une fois par semaine.
Ensuite, les trois infirmières arhuacas qui gèrent ce centre vont accompagner les patients dans leur parcours de soins auprès de spécialistes, tout en les orientant aussi vers des soins traditionnels de leur ethnie.
Elles invitent ainsi les guérisseurs et les sages de leur ethnie à venir consulter les patients, dans ce foyer d'accueil.
Il y a souvent des rencontres entre les médecins occidentaux et les sages-femmes, guérisseurs et Mamos. Et Oniris nous a expliqué qu'elle assistait actuellement à une ouverture du corps médical qui pouvait se montrer plus respectueux vis à vis de la médecine ancestrale arhuaca..

*Oniris ; « Mon travail d'infirmière pour la communauté est très dur. Je travaille douze à quatorze heures par jour. Je me mets à disposition des patients pour leur guérison. Si je parle de ma vie, j'ai des journées très longues, travaillant depuis quatre heures le matin, jusque tard le soir. Dans mon travail pour* la communauté, je rencontre beaucoup d'adversités, beaucoup de difficultés, et aussi j'assume beaucoup de rôles : je suis médecin, infirmière, psychologue, neurologue… J'ai toutes ces fonctions parce que la personne de mon peuple souvent ne peut transmettre ce qu'elle ressent, ce dont elle souffre, à une autre personne qui ne connaît ni sa langue, ni son entourage familial et spirituel. Les infirmières dans notre communauté sont très spéciales. Nous n'avons pas d'heure, ni de temps précis pour être auprès des patients. Et si nous sommes dans la montagne, à n'importe quelle heure, nous allons auprès des malades, lorsque cela est nécessaire. Nous sommes disponibles vingt-quatre heures sur vingt-quatre !

En ville, nous avons un horaire, mais il s'étend de plus en plus !

Dans le centre de santé où je travaille, nous accueillons les Indigènes qui viennent en ville pour des rendez-vous médicaux. Ils restent sur place toute la durée de leur convalescence et jusqu'à leur guérison.

Nous, les infirmières, nous avons beaucoup lutté pour être avec notre peuple et pour que les patients de notre ethnie aient des traitements dignes, qu'ils reçoivent une bonne attention de la part du corps médical. Parfois, nous devons élever la voix, pour bien faire comprendre leur état de santé ! Parce que, bien que nous soyons une communauté forte, en réalité nous sommes aussi très vulnérables. Beaucoup de personnes dans la communauté ne parlent pas espagnol : nous avons notre propre langue, et cela fait barrière pour la communication avec le monde occidental. Nous recevons des personnes qui ne sont jamais allées en ville, et c'est pour elles un problème. C'est difficile que le monde occidental les accueille avec la compréhension de leurs conditions de vie.

Dans notre communauté, il y a aussi des familles où naissent ceux qui ont le savoir, les médecins traditionnels de la communauté. Depuis leur enfance, ils sont formés dans une des spécialités de cette médecine ancestrale. De la même manière qu'il y a des spécialistes formés dans les universités en Colombie, chez nous aussi il y a des spécialistes formés dans notre tradition ! Il y a des hommes de savoir qui soignent les fractures, d'autres les maladies de santé publique, les morsures de serpent ou d'araignées et encore bien d'autres domaines. Et pour cette raison, nous luttons pour que tous ces savoirs ne se perdent pas.

*En ce qui concerne les savoirs des femmes de sagesse, ils sont plus orientés vers les soins aux femmes enceintes et à l'accompagnement de l'accouchement. En comparaison avec la médecine occidentale, nous pouvons souvent arriver à un meilleur niveau de soin. Par exemple, lorsqu'une femme doit accoucher, grâce à nos sages-femmes nous évitons la césarienne.*
*Pour le traitement des fractures, nos spécialistes sont beaucoup plus efficaces que les médecins occidentaux. Mais les deux médecines sont nécessaires. La communauté arhuaca a des connaissances millénaires que nous portons en nous-mêmes.*
*En ce qui concerne la santé, nous savons que notre connaissance est bonne et qu'elle apporte beaucoup de paix aux personnes. Cela nous aide beaucoup».*

## Les mochilas

Lors de cette tournée, Calixto et Oniris avaient apporté un grand nombre de Mochilas, les sacs traditionnels confectionnés en laine de brebis, que les Arhuacos, hommes et femmes, portent toute la journée en bandoulière. Ils sont tissés par les femmes arhuacas, et décorés de dessins géométriques symboliques, témoignant de ce que la femme a voulu offrir au monde lors de la confection. Pour les Arhuacos, ces sacs représentent comme une matrice porteuse de vie, d'échanges, un lien sacré à la Terre-Mère.

Oniris présente les « mochilas » ; « *Ces sacs sont représentatifs de notre culture. En faisant ces sacs, nous y mettons nos pensées et c'est pour cela que nous disons que les femmes sont des tisseuses de pensées. En les faisant, elles essaient d'émettre des pensées positives, des pensées de guérison ! La confection d'un sac demande un grand travail, depuis la tonte de la brebis, le lavage de la laine qui ensuite est cardée et filée, le tissage.*
*On ne peut pas donner de prix à tout cela. Mais cependant, pour les besoins des femmes et de leur famille, nous les mettons en vente. Les «mochilas» que j'ai apportées viennent de la maison de santé où je travaille. Les personnes qui y sont en convalescence tissent des «mochilas». Elles les utilisent pour mettre des choses personnelles, je les apporte ici pour que le peuple de France connaisse un peu plus nos traditions».*

## Les projets au sein du territoire arhuaco

C'est aussi lors de cette dernière tournée de septembre 2024, qu'a pu avoir lieu une large présentation publique des projets menés par la communauté arhuaca en lien avec les associations d'amis d'Europe, car ces projets, conçus de longue date, vont pouvoir commencer à se concrétiser.

## Le projet de collège

Le projet de Centre Communautaire et Interculturel d'Éducation pour la Santé Planétaire est né à la demande de la communauté des Arhuacos. Il avait été pensé depuis très longtemps par les Mamos et dirigeants éclairés. Situé sur le territoire Arhuaco, ce centre aura pour but de permettre une éducation intégrant enseignement formel conventionnel et connaissances traditionnelles, en langue locale.

Afin de permettre aux jeunes de rester dans leur communauté et de bénéficier d'un enseignement concernant les deux cultures, la culture arhuaca et la culture officielle de la Colombie, le projet comportera les constructions nécessaires aux activités d'éducation, de santé et d'échanges de savoirs. Des bâtiments différents seront conçus pour les activités du collège conventionnel et pour l'enseignement traditionnel des leaders spirituels.

Ce projet a été initialement mis en œuvre par l'association DUNA, créée par Rita Sà Coimbra au Portugal, en lien avec les organisations du peuple Arhuaco. C'est une structure officielle auprès des institutions (type ONG), habilitée pour recevoir des fonds venant de l'étranger et qui organise aussi les tournées de Calixto en Europe.

Site : www.dunaescoassociacao.com

Plusieurs associations et groupes d'Europe travaillent également sur ce projet, en lien avec DUNA. Voici la présentation de Calixto lors de la conférence qui s'est tenue au Jardin de Safran en septembre 2024.

*Calixto ; « Maintenant je vais parler des projets que nous avons l'intention de réaliser. Le monde indigène vit très bien, comme je vous l'ai conté, sur ses propres bases culturelles, mais nous désirons compléter également avec une partie de l'éducation occidentale. Nous avons un important projet de collège. Ce projet a été conçu il y a plus de trente ans par les Mamos, et maintenant il va commencer à se matérialiser avec un centre d'enseignement global dans lequel tout serait inclus (culture officielle et culture traditionnelle). La structure des bâtiments est importante et l'ensemble se réalisera en trois phases. Il y aura plusieurs espaces : un lieu d'échange entre les spiritualités, des espaces scientifiques, une ferme agricole, et aussi des espaces pour les oiseaux, etc. Dans le projet sur lequel nous travaillons, il y aura des locaux prévus pour les études scientifiques (laboratoires, salle informatique) et aussi un espace pour notre médecine traditionnelle. Nous connaissons le pouvoir de notre médecine ancestrale, et savons qu'elle a une grande force. Dans ce projet, il y aurait donc un espace consacré à cette façon de soigner. Nous ajouterons des espaces d'échanges avec le monde occidental. Ce sera un centre ouvert sur l'extérieur, ce qui favorisera les échanges interculturels. Il est conçu comme une porte de communication. Un vaste projet de collège traditionnel, ouvert sur le monde actuel».*

Et Calixto lance alors une invitation (avec quelques consignes !) ;

« *Si des personnes d'Europe souhaitent y participer, il y aura un espace pour cela ! Quand ces visiteurs viendront, le peuple aura la responsabilité de les accueillir. Ce ne sera pas des échanges privés avec seulement quelques familles, ou quelques petits groupes, mais ce sera organisé, avec une vue d'ensemble sur toute la communauté».*

Habituellement, les visites dans la Sierra doivent toujours obtenir l'aval des Mamos. Il est donc demandé avant tout projet de visite, d'établir au préalable un contact avec Calixto et avec une lettre qui formule très clairement les intentions de la démarche du visiteur.
Puis Calixto donne la parole à Rita, qui était venue du Portugal.

Rita ; « *Le projet est le résultat de plusieurs années de travail et de prise de conscience. Et nous en sommes à un point où cela peut commencer. C'est un projet ambitieux, avec un collège pour cinq cents élèves de quinze à dix-sept ans (dont trois cents qui pourront rester dormir en internat). Ainsi, les enfants ne sortiront pas de leur communauté pour aller étudier à l'extérieur, comme ils le font actuellement !*
*En effet, souvent, quand ils quittent la montagne pour aller en ville, ils perdent leurs racines culturelles. Donc l'intention est que ces enfants étudient dans la communauté et qu'ils puissent profiter d'échanges avec d'autres peuples*

*de façon internationale.*
*Ces enfants qui resteront là, prendront conscience de la valeur de leur vie traditionnelle. Ils seront dans l'échange, mais tout en gardant leur propre culture. Il faut qu'ils prennent conscience que ce n'est pas un peuple à part, vivant en quasi-autarcie, mais que ce peuple a une grande importance pour le Monde. La vérité est que ce peuple garde une des traditions les plus anciennes de la planète.*
*Le site sera organisé comme une petite cité, où on valorisera leur culture, et cela constituera un pont vers d'autres cultures du Monde. Les enfants y apprendront ainsi comment rencontrer le monde extérieur, parce que souvent, lorsqu'ils sortent de la montagne, ils sont fascinés par ce qu'ils voient en ville et qu'ils n'auraient jamais imaginé, ils n'ont pas de discernement. Le but serait qu'ils puissent acquérir un discernement.*
*Et quand ils auront à aller hors de leur territoire, ils pourront revenir avec de nouvelles connaissances qui ne perturbent pas leur tradition.*
*Au sujet de la médecine, le projet permettra que médecine occidentale et médecine traditionnelle puissent travailler ensemble dans une vision globale ».*

## Le rachat des terres ancestrales

Ce projet, auquel il a été fait référence dans un chapitre antérieur, avance peu à peu, et il reste toujours d'actualité, géré également par l'association DUNA. En effet beaucoup de terres nécessiteraient d'être récupérées, pour la pérennité de la culture arhuaca.

*Calixto ; « Les cultures indigènes, partout dans le monde, ont toujours accordé une très grande importance au territoire géographique parce que, pour eux, il est comme le corps physique de chaque groupe.*
*L'espace de la Sierra Nevada de Santa Marta est sacré. Il nous a été confié depuis la création du monde. C'est le lieu où nous apprenons la Vie, et où nous enseignons. Au cours de notre histoire, nos terres ancestrales nous ont étés volées, nos peuples ont été expulsé des territoires. Nous avons le projet de récupérer ces terres d'origine, pour que le peuple indigène continue à être ce qu'il est, tel qu'il est. C'est un des grands projets que nous avons pour les réserves forestières et pour les animaux. Quand on rachète un ou deux hectares, nous consacrons seulement vingt pour cent aux cultures et le reste est laissé en réserve pour la nature sauvage ».*

Rita ; « *Tout concept indigène est évidemment en rapport avec la terre, et un peuple sans terre n'est plus un peuple. Toute cette mouvance autour de l'achat des terres est vraiment très simple, très pure, afin de préserver le peuple, la culture. Parce que cette terre est essentielle ! Pourquoi ? Au niveau de la biodiversité, et aussi parce que les Arhuacos y font énergétiquement un travail d'harmonisation non seulement pour eux, mais pour le monde entier. Ces terres-là sont d'un niveau énergétique très élevé, ce qui permet aux Mamos de travailler sur les énergies du monde.*
*Pouvoir préserver ces terres, c'est préserver toute une culture, toute une connaissance. C'est donc ce qu'ils sont en train de faire et c'est le projet auquel participe l'association DUNA avec les gens qui travaillent autour de ce projet. C'est un peu comme un échange, Calixto et son peuple partagent leurs connaissances ancestrales, et peut-être que nous, nous pouvons les aider à préserver leur culture. Le sens de cet échange est donc la préservation de ces terres. Nous pouvons tous participer à aider ce peuple qui, avant tout, nous aide à des niveaux très importants* ».

## Préservation des médecines traditionnelles

Un autre projet que les Arhuacos aimeraient développer et dont Calixto nous a entretenus durant cette tournée est celui de la préservation des médecines traditionnelles.

*Calixto ; « Nous avons un autre projet qui consiste à sauvegarder les médecines ancestrales. Le gouvernement nous aide en favorisant la médecine occidentale, mais nous avons besoin de la compléter avec nos traditions. Les familles des guérisseurs sont situées dans différents endroits de nos territoires et chaque groupe possède des connaissances spécifiques concernant la médecine ancestrale millénaire. Nous voulons réunir tous ces savoirs et les enseigner au peuple pour sauvegarder et consolider cette médecine ancestrale des peuples indigènes de la Sierra ».*

## Conclusion

Les Mamos nous interpellent avec insistance sur notre lien à la Terre. Aurons-nous le courage de prendre en compte leur message et de voir avec lucidité les déséquilibres dans lesquels nous sommes piégés ?

Il est vrai qu'après l'ère industrielle, l'influence croissante des nouvelles technologies développe, jour après jour, de multiples tentations qui nous éloignent du moment présent, ici et maintenant, du lien avec la Nature et avec la Vie, et nous engagent à fuir notre réalité physique et terrestre. Grâce aux satellites, nous avons ouvert un espace infini de communications à distance, qui nous dispersent tous azimuts, et c'est le modèle qui nous est actuellement proposé pour notre intégration à la vie sociale occidentale. Entre internet, les multiples messages des réseaux sociaux, la télé, quel espace-temps nous reste-t-il pour nous relier à notre réalité terrestre ? Le monde de l'image nous transpose sans cesse à des milliers de kilomètres de chez nous, dans des univers multiples qui nous éloignent de notre entourage immédiat. Le casque et les écouteurs portés en permanence, nous permettent-ils de nous relier au chant des oiseaux, au murmure de la rivière, au bruit du vent, si essentiels pourtant, d'après nos « grands frères », pour les messages cosmiques qu'ils nous dispensent ? Et beaucoup d'entre nous ressentent cette obligation constante de dispersion comme une infirmité ! Pierre Rabhi ne parlait-il pas de la nécessité d'une «insurrection des consciences » à un niveau individuel comme collectif !

Serons-nous assez audacieux pour nous situer dans une conscience juste, un choix constamment guidé par notre reliance sacrée à la Nature, notre ressenti du cœur, et cela sans pour autant dénigrer l'apport de ce que chaque époque nous propose en savoirs et en techniques ! Devant ce grand défi des temps actuels, les « grands frères » nous engagent à retrouver en nous, le pouvoir de l'esprit. Avec confiance, ils nous rappellent notre responsabilité à chacun pour participer à harmoniser la Vie sur Terre.

« Nous sommes au Temps précis d'une Rencontre » nous disent-ils, ils nous intiment de rester dans la confiance ;

*« Le changement climatique ne concerne pas seulement les arbres ou l'eau, il concerne tout et englobe la survenue d'un changement de valeur pour l'ensemble de la vie sur Terre. Le Temps va nous enseigner où il faut aller, parce que nous, les humains, nous sommes toujours là pour rencontrer notre but... et le Temps est sage, il ne va pas nous fourvoyer... » (Citation de Calixto)*

Malgré tous les grands désordres que l'époque actuelle a engendrés au point de mettre en péril la vie sur la planète, les paroles de sagesse de Calixto, Oniris, et Mamo Adolfo recueillies dans cet ouvrage peuvent réellement laisser présager le chemin d'un avenir harmonieux pour l'humanité.

*« Elles constituent un plaidoyer pour une humanité consciente de l'interdépendance entre les peuples à travers leurs cultures et tous les écosystèmes connus et inconnus ».*
Citation d'Aymeric de Valon (extrait projet du film Chundwa)

Sur toute la planète, du Tibet à l'Amazonie en passant par l'Afrique… il existe de nombreuses autres ethnies autochtones qui protègent avec un grand respect des espaces importants de nature, ses sous-sols, sa faune et sa flore, et préservent la biodiversité. C'est un fait que, dans de nombreux états, leur territoire a souvent été convoité et exploité. Face à la domination du monde contemporain matérialiste, ces ethnies se sont trouvées souvent marginalisées et méprisées, ou même décimées : beaucoup ont subi une acculturation progressive et une perte de leur patrimoine culturel. Cependant, malgré les nombreuses agressions dont elles font l'objet, d'autres sont parvenus à garder noblesse et responsabilité, préservant les grandes connaissances dont elles sont les gardiennes et qui restent éternelles. Elles nous font entrevoir comment une humanité sensible et spirituelle, unissant savoirs millénaires et modernes, pourrait mieux comprendre quelle est sa vraie place sur la Terre, au milieu des autres règnes.

Puissions-nous, dans le cercle d'amitié qui nous unit aux peuples de la Sierra Nevada de Santa Marta, leur témoigner une immense gratitude et leur prodiguer le soutien dont ils ont besoin, pour continuer d'exister en tant que peuple « gardien de la Terre ».

Nous terminerons sur une note motivante avec ce message éternel que nos grands frères nous adressent avec constance.

*Calixto ; « La joie est un devoir envers les autres. Les personnes joyeuses harmonisent la planète car leur mental n'a pas de pensées négatives.*
*Harmoniser la planète, c'est accepter les choses comme elles sont à l'intérieur du chaos. Nous sommes importants par ce que nous ressentons et vivons. Nous sommes créateurs ».*

Si vous souhaitez recevoir des nouvelles du peuple Arhuaco, vous impliquer dans le soutien aux différents projets menés par DUNA, ou encore être tenus au courant des venues de Calixto en Europe, n'hésitez pas à nous laisser vos coordonnées en nous contactant à l'adresse mail suivante : grainesdesante2003@gmail.com

## Epilogue

Tout le petit groupe qui a collaboré à la réalisation de ce recueil, s'unit pour remercier infiniment Calixto, Oniris et Mamo Adolfo pour toute l'énergie qu'ils déploient pour venir nous voir et pour les magnifiques enseignements qu'ils dispensent. Leurs paroles nous offrent des clés indispensables pour envisager le futur avec sérénité et conscience !

Angela, qui a souvent traduit Calixto lors de ses séjours en France, lui dédie cet hommage, témoignant de sa reconnaissance. Ces mots sont à l'unisson de ce que nous ressentons intimement chacun, dans nos cœurs !

*En 2014 je t'ai vu pour la première fois dans le Kerala (Inde) au cours du fabuleux Mahāyāga célébré par Śrī Tathāta.*
*Parmi une foule dense, tu étais différent et magnétique comme un aimant. Dix ans après, cette impression est toujours là.*
*Tu es venu presque chaque année en Europe et tu nous as rendu visite au Jardin de Safran à Varaire.*
*Je voudrais t'exprimer ma profonde gratitude car tu occupes une importance immense dans ma vie.*
*Merci de m'avoir accepté comme traductrice lors de nombreuses conférences.*
*Merci d'incarner l'Amour inconditionnel et l'Humilité.*
*Merci de nourrir nos âmes en étant un pont lumineux vers la dimension spirituelle universelle.*
*Merci pour ton Silence qui nous élève vers le meilleur de nous-mêmes.*
*Merci d'être venu avec Mamo Adolfo que nous n'oublierons jamais et avec Oniris que nous respectons et aimons.*
*Merci à tous les Mamos pour le travail transcendant qu'ils font afin de protéger l'humanité et la planète.*
*Très cher Calixto, hasta siempre !*